人生就是一部
經濟學

從你出生到結婚、從你生子到年老,經濟學無所不在!

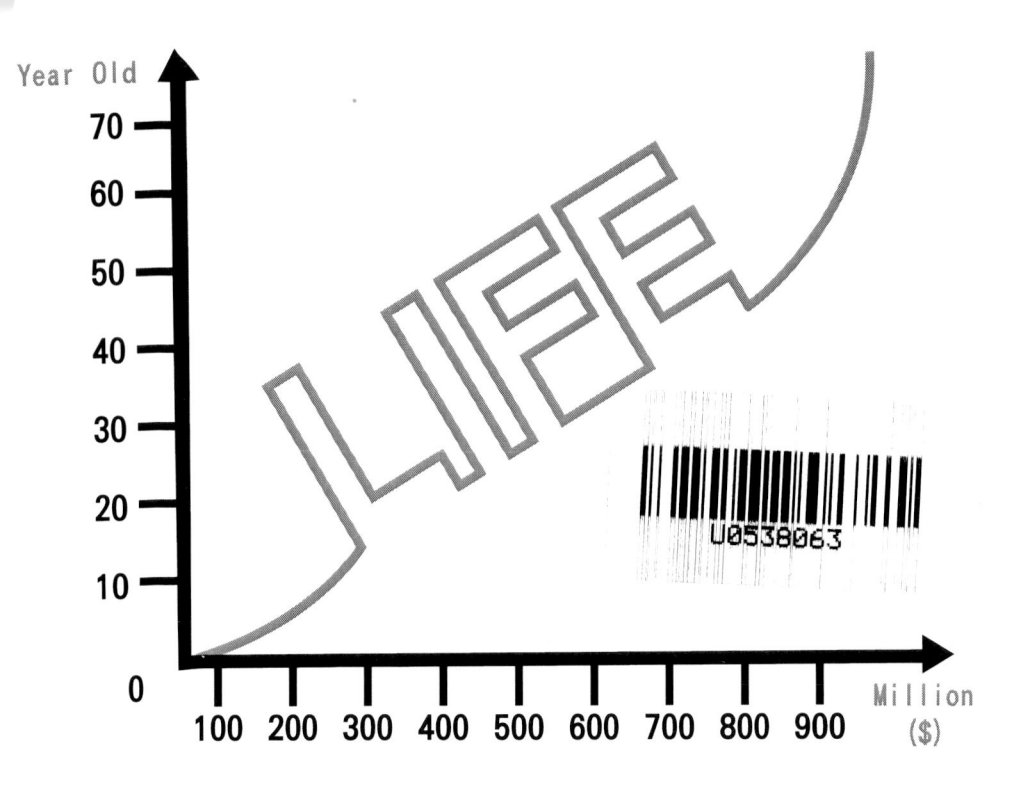

人的性格是如何形成的?個性為什麼值得追求?
公車上、學校自習室中如何選擇座位?
為什麼實現社會公平那麼難?
這些都可以用經濟學的理論知識加以分析或解釋!

婁飛鵬 著

人生就是一部經濟學
從你出生到結婚、從你生子到年老,經濟學無所不在!

目錄

自序

第一部分

　　成本收益比較決定了性格 ………………………… 17
　　　　性格的逐漸形成及其強化和改變 ………………… 18
　　　　不同個體的性格具有共性 ………………………… 19
　　追求個性：效用滿足與創新激勵 ………………… 21
　　　　追求個性能夠使人們獲得更大的效用滿足 ……… 21
　　　　追求個性有助於激勵創新 ………………………… 24
　　大眾緣何偏愛婚前戀愛 …………………………… 26
　　　　婚前戀愛可以使參與者獲得更多的效用滿足 …… 26
　　　　婚前戀愛可以有效減少當事人對沉沒成本的支付 … 27
　　　　婚前戀愛可以使雙方更好地規避資訊不對稱問題 … 28
　　婚姻中的經濟因素 ………………………………… 30
　　　　古代門當戶對的經濟因素分析 …………………… 30
　　　　現代高離婚率的經濟因素分析 …………………… 32
　　商品性質、自利與養老撫幼 ……………………… 34

人生就是一部經濟學
從你出生到結婚、從你生子到年老,經濟學無所不在!

「跌賣漲不賣」依然不失理性 39
  經濟學的理性及其理解 40
  「跌賣漲不賣」仍是理性行為的原因 40
效用最大化:公車及其他 44
人多力量未必大的經濟學分析 49
今日特餐的經濟效果 51
事不關己只是妄想 55
潛在進入者緣何猶豫 59
  資訊不對稱 60
  有限理性 60
  風險偏好 61
  交易成本 62
  差異化的個體 63

公平苦旅 64
  資訊的不完全 64
  機會主義傾向 66
  交易成本 68
  差異化的個體 69

目錄

第二部分

管理管的是預期 ... 75

從邊際效用遞減看賞罰效果 ... 79

制度激勵與行為選擇 ... 83

 同一學校不同餐廳的行為選擇 ... 83

 行為背後的原因解釋 ... 84

 最後的啟示 ... 85

外部成本同樣造成了制度失靈 ... 87

外部成本與制度實施效果的悖論 ... 92

 外部成本及其對供求的影響 ... 92

 制度的實施效果 ... 93

 外部成本與制度實施效果 ... 94

為什麼存在「路」與「路障」 ... 95

「路」與「路障」存在的成本－收益視角 ... 97

 「路」與「路障」存在的外部成本視角 ... 98

資源配置與歷史悲劇 ... 100

是誰造成了貧富兩極分化 ... 103

機會成本主導的貧困惡性循環 ... 107

成本高低事關存亡 ... 111

 生存成本決定生物進化的方向 ... 111

人生就是一部經濟學
從你出生到結婚、從你生子到年老,經濟學無所不在!

　　生產成本決定企業的生死存亡 ……………… 113
　　治理成本決定王朝政權的更迭 ……………… 114
流動人口更易於缺失信用 ………………………… 116
　　經濟學發展不同階段對信用的研究 ………… 117
　　流動人口選擇違約的原因 …………………… 118
　　流動人口信用缺失的危害及建議 …………… 120
為何詐貸案件以大額居多 ………………………… 122
大型商業銀行的優勢 ……………………………… 126
　　規模經濟讓大型商業銀行具備了優勢 ……… 126
　　範圍經濟讓大型商業銀行具備了優勢 ……… 127
　　較強的抗風險能力讓大型商業銀行具備了優勢 … 129
　　較強的政策影響力讓大型商業銀行具備了優勢 … 130
對商業銀行實施監管的必要性 …………………… 132
　　委託-代理關係 ……………………………… 133
　　規模不經濟 …………………………………… 134
　　「搭便車」現象 ……………………………… 134
銀行業的行業壟斷與銀行間的競爭 ……………… 137
　　銀行業的行業壟斷屬性 ……………………… 137
　　銀行業內部的競爭屬性 ……………………… 139

目錄

第三部分

- 試評亞當斯密的分工理論 145
    - 亞當斯密的分工理論簡述 145
    - 亞當斯密分工理論的貢獻 146
    - 亞當斯密分工理論的不足 149
- 分工代價引發縱向一體化 154
    - 縱向一體化的既有解釋 155
    - 縱向一體化的原因 155
    - 縱向一體化的條件 158
- 競爭性市場依然存在串謀 160
- 不應被貶低的壟斷 165
- 範圍經濟可否被視為規模經濟的特例 171
- 商品性質可變，效用評價永恆 175
- 零邊際成本和共享經濟的邊界 178
    - 經濟學思維的成分欠缺 178
    - 理論背後暗含的嚴格假定 180
    - 零邊際成本和共享經濟的適用範圍 182
    - 經濟學理論仍有較強的生命力 185
- 研究國際貿易更需要關注資訊不對稱 187
    - 資訊傳遞的成本 188

人生就是一部經濟學
從你出生到結婚、從你生子到年老，經濟學無所不在！

國際貿易中資訊不對稱加劇的原因 ⋯⋯⋯⋯ 189
產業集聚驅動因素的階段變化 ⋯⋯⋯⋯⋯⋯ 193
主流經濟學緣何忽視經濟地區分佈問題 ⋯⋯ 198
完整的經濟學理論應是三維的 ⋯⋯⋯⋯⋯⋯ 202

自序

　　每個學科都有自己獨具特色的課程典範，經濟學也不例外。我從大學階段開始學習經濟學，至今已有十八年了。現在仍然清晰地記得，老師在和我們講經濟學初級課程時，特別說過經濟學不是教我們如何賺錢的學科，而是讓大家變得更加聰明的科學。當初我對此不是很理解，但隨著經濟學帝國主義的說法的廣泛傳播，以及自己對經濟學學習的瞭解逐步增多，並且開始用經濟學知識分析經濟社會問題之後，我逐漸地將老師的話理解為：經濟學有著自己的思維模式，它能夠對經濟社會中的各種情況給出合理且中肯的解釋。經濟學能教給我們一套分析和認識經濟社會問題的思維模式。所謂經濟學是一門讓人變得聰明的科學，並不是說學習經濟學可以提高我們的智商，而是透過學習經濟學可以為大家提供一套分析和解決問題的思維模式。我們掌握這套分析問題的思維模式之後，可以迅速地對經濟社會中的一些現象形成自己的看法。老師的這個觀點，在我自己身上得到了印證。我從學士到碩士再到博士，在學校連續潛心學習了九年的經濟學，十八歲到二十七歲這段人生中最好的年華都在學習經濟學，但自己的智商並沒有因此而提高，也沒有因此而賺到錢。求學期間如此，畢業之後仍然如此。

　　要說學習經濟學的最大收穫，我認為是自己學習並掌握了一些經濟學的思維。這些思維讓我對一些問題的分析有了新的視角、新的思路，看待問題時能夠及時發現問題的本質，不至於被假象迷惑。既然

人生就是一部經濟學

從你出生到結婚、從你生子到年老，經濟學無所不在！

如此，經濟學思維就值得我們學習。我認為，在對經濟學的基本理論有了比較全面的掌握之後，我們更需要訓練經濟學思維，有意識地用經濟學理論分析經濟社會中的各種情況，透過持續的訓練逐步發現經濟學思維的真諦，並將其運用於生活和實踐之中。這樣做的理論基礎在於經濟學中的交易成本理論。透過熟練掌握經濟學的思維，對各種問題形成思維模式之後，我們就可以快速有效地對所遇到的問題形成自己的判斷，從而不需要在此過程中花費更多的時間、支付過多的成本，也就有效降低了交易成本。或許，這就是學習並掌握經濟學思維的最大效用，也是學習經濟學的最大收穫。

經濟學理論具有較強的解釋力。運用經濟學的分析思路來分析經濟社會現象是一件十分有趣的事情，可以得出一些有意思的結論，如：人的性格是如何形成的？個性為什麼值得追求？大眾為什麼偏愛婚前戀愛？婚姻中各種行為有什麼經濟學依據？社會中為什麼不孝子女相對更多？農民為什麼「跌賣漲不賣」？公車上、學校自習室中如何選擇座位？人多為什麼力量不大？商家推出特餐有什麼效果？真的可以做到「事不關己，高高掛起」嗎？廠商如何決策是否進入某個行業？為什麼實現社會公平那麼難？等等問題，都可以用經濟學的理論知識加以分析或解釋。

運用經濟學理論不僅可以分析人們的日常行為，而且可以結合對日常行為的分析，為優化機制設計、完善制度提供更多的思路，如：有效的管理需要著重做好什麼？邊際效用遞減怎麼決定賞罰效果？面對制度激勵個人會怎樣選擇行為？外部成本造成市場失靈的同時會不

自序

會也造成制度失靈？外部成本為什麼讓制度實施的效果大打折扣？為什麼存在「路」與「路障」？歷史悲劇中資源配置方面的原因有哪些？貧富兩極分化緣何形成？機會成本怎樣主導了貧困惡性循環？成本高低怎麼會事關生死存亡？流動人口為什麼更容易缺失信用？詐貸案件為什麼以大額居多？大型商業銀行的優勢有哪些？為什麼要對銀行業進行監管？銀行業的壟斷和競爭情況如何？……凡此種種，經濟學都可以設計出比較好的機制方案。

當然，作為一門科學，經濟學也不是完美無缺的，其理論也存在一些需要進一步完善的地方。在這方面，自1776年經濟學誕生以來，一代又一代有大智慧、大格局的經濟學家透過不斷的努力，開展了富有成效的工作，讓經濟學日臻完善。我堅信，經濟學理論可以有效解釋經濟社會中的各種現象，但也並非完美無缺的，經濟學理論自身也需要結合實踐變化進行完善。

我在學習經濟學、運用經濟學分析各種問題時，也逐步發現經濟學的一些問題。亞當斯密分工理論有貢獻也存在不足，分工的代價引發縱向一體化，競爭性市場也存在串謀，壟斷不應被貶低，範圍經濟似乎可以被視為規模經濟的一個特例，效用評價是一致的而商品性質卻可以變化，零邊際成本和共享經濟有邊界，國際貿易研究中需要更多地關注資訊不對稱，產業集聚的驅動因素隨著發展階段而發生變化，主流經濟學家忽視了地區分佈問題，完整的經濟學需要考慮時間、地域和空間三個維度……或許，也正是由於經濟學理論還沒有臻於至善，才讓我們有更多的興趣去學習、去思考。

人生就是一部經濟學
從你出生到結婚、從你生子到年老,經濟學無所不在!

就經濟學本身而言,它是伴隨著工業革命而產生和發展的,在工業社會具有較強的理論解釋力。在人類已經逐步步入資訊社會的今天,經濟學面臨的客觀環境已經發生了較大變化。網路的普及,人工智慧、雲端計算、大數據的廣泛使用,為使用者提供眾多免費使用功能,免費經濟時代已經到來。價格為零或者使用產品可以得到獎勵導致的價格為負,直接決定了市場中的價格機制將在部分領域逐步失靈。而「供給和需求決定價格」又是經濟學的核心,在價格機制失靈的情況下,經濟學的解釋力也會因此而黯然失色。因而,為了更好地解釋資訊社會的經濟社會現象,經濟學需要理論創新,甚至是對經濟學進行顛覆性的理論創新。具體的創新方向或者適用於資訊社會的經濟學是什麼樣子,我才疏學淺,無法全面預測。但我相信,在其中,人性不會因為資訊社會而發生根本性的變化。這決定了經濟學有關人性的討論仍然會有較強的解釋力,而關於各種經濟社會現象,特別是伴隨著資訊社會的到來而出現的迥異於工業社會的新情況需要有新的理論來解釋,這方面或許應該成為資訊社會經濟學創新的重點。

本書中的觀點不僅是對經濟學已有原理的繼承,也在運用經濟學理論解釋各種經濟現象時有所創新。比如,農民的「跌賣漲不賣」依然是理性行為,外部成本決定了事不關己只是妄想,管理工作要管好團隊成員的預期,人口增長是形成貧富差距的原因之一併更有可能加劇貧富分化,從邊際效用遞減的角度看罰比賞好,外部成本會影響制度實施效果並導致制度失靈,機會成本將會主導貧困惡性循環,分工代價引發縱向一體化,競爭性市場也存在串謀,壟斷比競爭具有優越

自序

性,範圍經濟從根本上看也是規模經濟,等等。這種創新不僅有個體方面的個體分析,也有整體方面的總量問題;不僅有著眼於優化實踐方案的思考,也有從理論方面完善理論框架的考慮。所有這些不僅觀點鮮明,而且對現有的理論分析而言,也具有一定的啓發意義。

就我個人而言,出版這本文集的初衷主要是:一是對自己研究興趣的總結。雖然自己博士畢業後在商業銀行從事金融實務工作,但對研究的興趣並沒有因此而減弱,工作至今也結合工作實踐發表了百餘篇文章。我認為,有機會把自己不成熟的想法拿出來與讀者分享,藉此與讀者溝通是一件快樂的事情。

如果我的拙見能夠引發讀者的共鳴,或者能夠對讀者有一點啓發,那將是我最大的快樂和榮幸。再者也是更重要的,是經濟學對我們的思維有較好的啓發意義,學習一點經濟學知識,尤其是用經濟學的理論知識解釋生活工作中所遇到的實際問題,不僅有利於更好地學習和掌握理論知識,而且可以較好地指導實踐,讓我們的生活和工作更有條理。本書也想在這方面進行一些初步的嘗試,讓更多的人認識、理解、掌握、運用經濟學,多運用經濟學的思維方式提高我們生活的幸福水準,提高工作的效率和品質。再進一步擴大而言,不只是經濟學的思維方式,其他學科的思維方式也會對我們產生較大影響,都值得我們好好地學習和領會。

當然,限於個人的知識結構和能力,雖然我已經盡可能讓本書完善,但不得不承認,本書的寫作仍然可能掛一漏萬,在此懇請方家不吝賜教。

人生就是一部經濟學

從你出生到結婚、從你生子到年老,經濟學無所不在!

第一部分

行為選擇

經濟學具有較強的解釋力,運用經濟學的分析思路分析經濟社會現象,會讓我們的看法更加理性深刻。無論是個人行為還是組織機構行為,都可以用經濟學的知識加以分析和解釋,並得出有意思的結論。

人生就是一部經濟學

從你出生到結婚、從你生子到年老,經濟學無所不在!

想一想

1. 經濟學理論分析生活中的哪些行為選擇?
2. 用經濟學的理論分析行為選擇有哪些優勢和問題?
3. 如何用經濟學理論來指導自己更好、更快地做出行為選擇?
4. 如何理解認識經濟學理論所強調的理性?
5. 按照經濟學理論進行行為選擇,是否違背道德標準?

第一部分
成本收益比較決定了性格

成本收益比較決定了性格

從經濟學的角度看，性格是每一個人後天生活中比較其所做各種決策的成本和收益的結果。對同一個體來說，能夠使其處事的成本最小而收益最大的那種行為習慣，會逐漸成為他的性格。

《三字經》開篇道：「人之初，性本善；性相近，習相遠。」其意思是，人在剛出生時，本性都是善良的，性情也很相似。但在後天的成長過程中，受各自成長環境的影響，個人的習性就會產生差異。既然人剛出生之時本性都是善良的，並且這一善良的本性是人人都具有的，為何「性相近」的不同個體在後天的成長中逐漸地「習相遠」，進而形成了不同的性格呢？從經濟學的角度看，性格是每一個人後天生活中比較其所做各種決策的成本和收益的結果。對同一個體來說，能夠使他處事的成本最小而收益最大的某種行為習慣，就會逐漸成為他的性格。雖然性格會有所差異，但是由於每一個人都不可避免地要與其他人打交道，從而為了減少自己的交易成本，性格與別人格格不入的人也很難大量存在，不同個體的性格會存在一定的共性。

人生就是一部經濟學

從你出生到結婚、從你生子到年老，經濟學無所不在！

性格的逐漸形成及其強化和改變

性格的形成源自各種決策的成本收益對比。嬰兒在剛剛出生之時，其意識處於一種近乎蒙昧的狀態，當有了飢餓等不適感時，只能用哭鬧的方式引起父母的注意，從而獲得各種滿足。隨著他們慢慢地長大，他們逐漸有了一定的記憶能力，此時他們就不再透過本能的哭鬧來引起父母的注意，而是在處理各種事情的過程中，不斷地對每種決策的成本和收益進行比較。如果成本小於收益，他們就會去做這件事，反之則不去做。這樣一來，一個人在不斷地計算對比成本收益的過程中，逐漸形成了自己的行為習慣。由於此時他們在很大程度上還不完全是有意識地計算決策的成本與收益，所以此時他們的行為習慣並沒有定型。但不論如何，一種行為習慣得以長期存在的根本原因，都是由於按照這種習慣處事的成本比較小，而收益比較大。之後他們就會習慣性地處理各種事情，其性格也就在成本收益的不斷對比計算中逐漸形成。

在個體的性格形成之後，個體就會對這種性格形成依賴，並導致性格特徵呈現出一個逐漸強化的趨勢。這主要是基於以下考慮：從個體的角度來看，在性格形成之後，他們按照自己的性格來為人處事，可以有效地為自己節約成本，因為這種習慣方式就不再需要他們刻意地計算決策的成本收益。這也就意味著，他們按照習慣決策可以有效地降低成本，從而有助於他們實現效用最大化，最終導致從主觀上來說，他們會強化自己已經形成的性格特徵，而不願意去改變；從外在的環境看，如果一個人的性格特徵比較固定，那麼熟知他的人就可以

第一部分
成本收益比較決定了性格

在與他打交道時很容易地對其遇事時的可能反應做出一個穩定的預期，從而保證交往有效進行。在這種情況下，個體的性格特徵就會逐漸地得到強化，其理由同樣是保持性格不變或者逐漸強化固有的性格成本很小而收益相對較大，改變性格的成本較大而收益較小。

性格的改變仍然是基於成本收益的對比。「江山易改，本性難移」，對同一個人來說，性格形成之後會有逐漸強化的趨勢。但是我們也不排除一些十惡不赦的人在經歷某些重大事情之後會痛改前非重新做人的情況。對這些人來說，為何有如此大的改變呢？其答案是：如果不脫胎換骨仍然我行我素，那麼將來的生活會變得更加艱難。他們改變自己「本性」的根本原因是，改變之後的收益遠遠大於為改變而付出的成本。所以性格並不是一成不變的，而是可以有一些改變，但改變的根本原因仍然是成本和收益對比的結果。

不同個體的性格具有共性

性格的形成不僅取決於先天的遺傳因素，而且與後天的生活環境密切相關。不同個體後天生活環境的不同，可以理解為每一個體在計算其成本收益時所面臨的具體情況不同，導致不同個體的性格之間存在一定的差異。儘管每一個人都有自己所特有的性格特徵，但是彼此的性格或多或少都會存在一些共性，大家的性格特徵之間沒有天壤之別。這是由於，我們每一個人都生活在社會環境中，都需要與人打交道，而在打交道的過程中總是需要支付成本即交易成本的。如果一個人個性太過於突出，以至於總是與大眾性格格格不入，那麼他在與人

人生就是一部經濟學
從你出生到結婚、從你生子到年老，經濟學無所不在！

交往的過程中勢必要求雙方支付較高的成本。這在很大程度上決定了固守這種差異較大的性格會使雙方的收益大打折扣。在這種情況下，其他人就會有一種不願意與性格過於「奇葩」的人打交道的傾向。為了滿足自己的社會交往需求，此時個體改變自己的性格去順應社會，往往成本較小而收益更大。而僅靠一人或一小部分人之力去改變大眾的性格以順應自己的性格，則成本巨大甚至是不可能的。為了追求個人的效用最大化，他們便會主動地改變自己的性格特徵，向著與他人的性格特徵較為一致的方向發展，性格的差異就會逐漸地縮小。

從縱向的歷史發展看，與大眾性格特徵格格不入的人的生存成本是相當高的。這是由於，他們的性格特徵太過於不合乎常規，而整個社會的行為規範卻是按照大眾的行為習慣制定並推廣的。由此一來，性格「奇葩」的個體在與人交往的過程中必然要支付較高的成本，直接決定了他們這一部分個體在與他人的競爭中，往往處於絕對的劣勢地位，保留這種性格特徵並使其延續下來的成本將會是十分高昂的。因此隨著時間的推移，在優勝劣汰競爭機制的作用下，擁有這些性格特徵的人將逐漸地被淘汰，從而數量會越來越少，而性格特徵不是十分突出的人將會逐漸地占據絕大部分。最終的結果是，整個社會公眾的性格存在著很大的共性，性格呈現出一種趨同的傾向。

第一部分
追求個性：效用滿足與創新激勵

追求個性：效用滿足與創新激勵

從經濟學的角度看，在不違反法律、倫理道德的情況下，個人追求個性，不僅可以帶來效用的滿足，而且可以有效地激勵創新。個性是值得追求的。

當今是一個呼喚個性、弘揚創造精神的時代。特別是對於1990、2000後出生的年輕人而言，他們追求個性與自我，對個性的追求已經成了這一群體中很多人的生活方式。這些年輕人追求個性的特點受到了很多人的關注，並引起了社會各界廣泛的討論。部分學者認為，目前教育特別是高等教育的價值取向，仍然可以用「模式化」一詞來形容。為迅速改變這種狀況，他們呼籲，在教育改革中要給予足夠的空間，讓學生能夠張揚個性。其實，從經濟學的角度看，在不違反法律、倫理道德的情況下，個人追求個性，不僅可以帶來效用的滿足，而且可以有效地激勵創新。也就是說，個性是值得追求的。

追求個性能夠使人們獲得更大的效用滿足

按照經濟學的定義，效用即為個人的心理滿足。由此一來，如果個體能夠做自己想做的事，那麼他往往在完成這件事的過程中就能夠

人生就是一部經濟學
從你出生到結婚、從你生子到年老,經濟學無所不在!

全身心地投入,也就能夠獲得很大的滿足,也就是效用水準很高。相反,如果個體所做的事並非發自內心,而是受到外界的壓力不得已而為之,即便是迫於壓力把事情做完了,他也不能獲得心理滿足,甚至可能使個人對類似的事情更加反感,即效用水準很低或者為負。另外,追逐個性的人時常有一些標新立異的舉動,這會得到有好奇心的人的關注。而別人對自己的關注同樣可以為個人帶來效用水準的提升。這是由人類的本性決定的,因為人類都不同程度地有一種想吸引別人注意的慾望。再者,邊際效用遞減是一個不可迴避的現象,一個人的消費能力最終取決於其支付能力,並受時間和空間的限制。如果只消費一種東西,個人的福利勢必受到影響。而追求個性、實現消費的多樣化,則可以在同樣的支出水準下最大化個人效用水準。不難發現,在不違反法律、不違背倫理道德的情況下,一旦個人有了足夠的自由空間,能夠追逐個性,在很大程度上就意味著,他可以選擇自己所喜歡的生活。這對個人來說,無疑能夠獲得最大的滿足。

追求個性並不僅僅只使自己獲得最大的效用滿足,同樣能夠給他人帶來正的效用。亞當斯密(Adam Smith)在其《國民財富的性質和原因的研究》(簡稱《國富論》)中寫到:「確實,他通常既不打算促進公共的利益,也不知道他自己是在什麼程度上促進那種利益……他只是盤算他自己的安全……他所盤算的也只是他自己的利益。在這一場合,像在其他許多場合一樣,他受一隻看不見的手的指導,去盡力達到一個並非他本意想要達到的目的……他追求自己的利益,往往使他比真正出於本意的情況下更有效地促進社會的利益。」人們

第一部分
追求個性：效用滿足與創新激勵

在追求個性的時候，考慮得最多的是個人的興趣、愛好，目標是在獲得同等效用水準時盡可能地降低支出，或者是在支出水準相同時實現個人效用的最大化。但也正是在這一過程中，會產生一種正的外部成本，給他人帶來了效用水準的提升。究其原因，一般而言，人們都有著廣泛的興趣，也就是說人們有著多樣化偏好。並且在很多情況下，人們某種特定的偏好能夠被替代的程度很低，甚至是不能夠被替代的。至此不難發現，滿足人們的多樣化的偏好，只有依靠供給行為的多樣化。而他人或者很多人追求個性，也就意味著，不同人提供的資訊或者其他方面的東西有著很大的差異。人們的見聞可以得以有效地擴大，從中獲得不同程度的效用滿足自然在情理之中。

從整個社會的角度看，追求個性不僅使個人實現了效用的最大化，而且很大程度上滿足了他人的多樣化的偏好，促進了他人效用水準的提高。當然，不排除一些人在追求個性的過程中，儘管合理且合法，卻可能會給他人帶來不好的感覺，也即產生了負的外部成本，結果是降低了他人的效用水準。可是這種情況也只是少數，一個理性的人會把主要精力花在追求效用最大化方面，而不是整天關注自己不感興趣的事，只有這樣才能說他合理配置了自己所擁有的稀缺資源。如果每個人都是這樣，就會關注他人追求個性能夠給自己帶來效用增加的一面。因此，個人追求效用最大化可以實現經濟學家通常所說的柏拉圖改善，能夠促進社會整體福利的最大化。

人生就是一部經濟學
從你出生到結婚、從你生子到年老，經濟學無所不在！

追求個性有助於激勵創新

從某種意義上說，創新是人的自由意志和個性的體現。追求個性和自由的人，往往具有很強的創新意識和獨創能力。這是因為，個性化的追求在各個方面與傳統相異，別出心裁，這能夠使人們形成敢為人先的態度，以一種非常規的思維思考問題。如果更多的人面對問題能夠提出全新的解決方案，最終就能夠促進整個社會的創新。在現實生活中，因為追求個性而實現發明創新的例子不勝枚舉。同時，最先出現的事物往往更新奇，能夠給人帶來更大的效用滿足，而大眾化消費品給個人的效用滿足卻十分有限。如果把追求個性看作一種消費行為，則追求個性與人們對炫耀性商品的消費有著相似之處，都是希望在消費獨一無二的商品時獲得效用的滿足。在追求個性的過程中，個人總是希望能夠走在人前，並且從各個方面顯示其與眾不同，否則它所能帶來的效用水準就相對較低。一個追求個性的人，一旦不能彰顯自我的特色、走在時代的尖端，就意味著只能尾隨他人，這對其個人整體效用水準的提高是極其不利的。因此，為了使得個人能夠標新立異，真正地追求個性，理性的個人就必須有一種內在的激勵機制，激勵自己去進行各種創新。這個過程就實現了個人創新的激勵。

當代人崇尚個性、追求刺激的特性，使得標準化、模式化、傳統的生活和消費模式已經不能令他們滿足，從而有了新的消費需求。經濟學家強調需求創造供給，面對新的消費需求，追求利潤最大化的廠商就會隨之進行各種創新。雖然廠商創新是為了增強其產品在消費市場上的競爭力，實現自己的利潤最大化，但是創新對經濟社會的發展

第一部分
追求個性：效用滿足與創新激勵

是大有裨益的，並且廠商創新的源泉是追求個性的人為他們提供的創新點。追求個性能夠直接激勵廠商創新，但事情並未到此結束。廠商為了在市場上占據有利地位、吸引消費者，也會主動創新，其產品自然會在各個方面與眾不同。而只有人們有了不同的個性，進一步而言有著不同的偏好，廠商供給的差異化產品才能夠被特定的消費群體接受。反之，如果人們因為個性相同，對產品的需求偏好模式化，一些具有創意的產品將無法銷售。產品暢銷對廠商是一個很大的激勵，這一好的結果得益於人們追求個性的差異化。可見，追求個性使廠商的主動創新行為能夠獲得較好的經濟收益，這是對廠商主動創新行為的一種認可或者激勵，從而間接地激勵了廠商的創新。

最後，個人追求個性會在潛移默化中改變人們的行為選擇，並逐步更新人們的各種觀念，使得新思維和新觀念在社會上為人們所接受。這對於掙脫傳統的觀念束縛，激勵整個國家或地區人們的創新精神有著積極的意義。當然，實現這一目標的一個前提是，所追求的個性是積極的、向上的。可見，從經濟學的角度看，對於年輕人追求個性、標新立異，不能一味地予以指責、排斥，而應積極地引導。

人生就是一部經濟學
從你出生到結婚、從你生子到年老,經濟學無所不在!

大眾緣何偏愛婚前戀愛

大眾偏愛婚前戀愛並非毫無根據的,而是其理性選擇的結果。婚前戀愛可以使參與者從中獲得更多的效用滿足,可以有效減少或者降低當事人支付的沉沒成本,並且可以使雙方更好地規避資訊不對稱問題。

戀愛於世人而言是一件浪漫的事,通常到了一定年齡,戀愛就成了順理成章的事情。然而,一個不得不認真思考的問題是:為什麼大多數人選擇婚前戀愛,即採用先戀愛後結婚的方式,而只有少部分人選擇先結婚後戀愛?對這一現象很多學者從不同的角度給出了較為中肯的解釋。從經濟學的角度看,大眾偏愛婚前戀愛並非毫無根據的,而是其理性選擇的結果。婚前戀愛可以使參與者從中獲得更多的效用滿足,可以有效減少或者降低當事人支付的沉沒本,並且可以使雙方更好地規避資訊不對稱問題。

婚前戀愛可以使參與者獲得更多的效用滿足

戀愛可以給彼此感動或驚喜,也就是人們可以從戀愛的過程中獲得巨大的效用滿足。無論是婚前還是婚後,戀愛都可以使參與者從中

第一部分
大眾緣何偏愛婚前戀愛

獲得效用滿足,這一問題似乎不值得考慮。但在通常情況下,婚前戀愛可以使人們從中獲得更多的效用滿足。人們之所以如此選擇,是由於在一般情況下,人們在結婚之前依賴父母而生活,他們還沒有挑起生活的重擔,不必為生活瑣事而煩心,更有可能全身心地投入戀愛。而一旦結了婚,在很多人看來就成了真正意義上的「成年人」,已婚人士將不得不獨立生活。為了柴米油鹽而費神,將使得多數人在一定程度上不能全心全意戀愛,自然影響人們對戀愛的主觀評價,換言之,也就是影響了戀愛給人們帶來的效用。

婚前戀愛可以有效規避因為生育孩子而帶來的戀愛效用水準下降。受傳統生育觀念的影響,結婚生子是情理之中的事,婚前戀愛期間則很少會有人迫於壓力而生育。雖然有部分人成為了「頂客族」,可以不必為生育而擔憂,但是更多的人則不得不擔負起繁衍後代的重任。以蓋瑞·貝克(Gary Stanley Becker)為代表的經濟學家認為,可以把孩子當成一種商品,人們可以從生兒育女中獲得效用滿足,但是生兒育女是要花費大量的時間、金錢和精力的,尤其是在嬰幼兒階段更是如此。何況有了孩子之後就不能盡情地享受二人世界的浪漫,戀愛帶給人們的效用也將隨之大打折扣。而婚前戀愛則可以在很大程度上規避生育孩子所導致的戀愛效用打折。

婚前戀愛可以有效減少當事人對沉沒成本的支付

結婚對人們來說是要支付巨大成本的,這包括為了舉行婚禮而花費的精力、金錢和機會成本等。特別是在現代社會,高昂的費用使得

人生就是一部經濟學
從你出生到結婚、從你生子到年老,經濟學無所不在!

結婚對很多人來說簡直是一種奢望。而一旦結了婚,無論將來生活得如何,為結婚而支付的成本都是不可能收回的,即為結婚而支付的成本在很大程度上是一種沉沒成本。儘管經濟學一般認為一旦支付沉沒成本,將不再影響理性人的行為選擇,但是人們是否支付或者在何時支付沉沒成本則是可以選擇的,即人們在支付沉沒成本之前的行為選擇依然是謹慎的。生活中不乏風險偏好者,他們更熱衷於鋌而走險,可大多數人是風險中性或者是風險規避型,也就是說,大多數人在決策之前會慎重考慮風險問題。

就結婚而言,多數人從主觀上講並不願意在這一問題上冒風險。新婚之時他們對未來的生活都充滿著憧憬,婚後生活幸福美滿當然是皆大歡喜,而一旦出了變故則不僅自己受到傷害還會產生負外部成本,家人和朋友儘管無辜,但也都要為此付出一定的代價。這就要求人們在結婚之前慎重地選擇。只有經過戀愛,使雙方認識到婚後的不確定性不是很大時,他們多半才會選擇結婚。更具體地說,當事人在對結婚成本和收益進行對比之後,確信婚後的收益大於結婚的成本與戀愛的成本之和時,理性的人才會選擇結婚。權衡前後的成本-收益以及決定是否為結婚而支付沉沒成本的過程都需要時間,而打發這段時間的最佳選擇之一就是戀愛。

婚前戀愛可以使雙方更好地規避資訊不對稱問題

無論是在現實生活中還是經濟學的理論分析中,資訊不對稱都是一個很常見並且難以有效解決的問題。資訊不對稱的出現不僅會使資

第一部分
大眾緣何偏愛婚前戀愛

訊掌握處於劣勢的一方福利受損,而且資訊掌握處於優勢的一方也同樣會為之付出代價。對大多數人來說,戀愛之前雙方並不見得都十分瞭解對方,其個人資訊並未完全公開,即雙方之間存在資訊不對稱問題。在對彼此缺乏瞭解時,匆匆結婚的收益到底如何實在難料。不可否認時下存在「閃婚」現象,但畢竟未經戀愛就直接結婚並不占主流。多數人還是願意在婚前花一段時間和部分精力充分獲取雙方的私人資訊,以方便彼此決定是否進一步地「投資」。當然,婚後戀愛也可以增進彼此的瞭解,從而盡可能地解決資訊不對稱問題。如果單就解決資訊不對稱問題而言,其效果與婚前並沒有顯著的差異。

可是,一旦將結婚時支付的沉沒成本考慮進來,在婚前解決資訊不對稱問題將遠優於婚後。對彼此心存好感的人來說,如果因為資訊不對稱而斷然選擇放棄對方,那麼心儀的對象與別人一起踏上紅地毯,對自己無疑是很大的傷害。可是如果不瞭解對方就貿然結婚,往往會使自己面臨很大的不確定性,於是大家面臨著兩難的境地:既不放棄將來與傾心的人一起結婚生活的機會,又能夠盡量減少資訊不對稱的最佳選擇就是先確立戀愛關係。這樣做的理由是,很多人對戀人是不設防的,也就是以戀人身分相處可以使彼此更有可能展現真實的自我,也就是有最大的可能來規避資訊不對稱問題。這一因素進一步為人們偏愛婚前戀愛提供了充分的理由。

人生就是一部經濟學
從你出生到結婚、從你生子到年老,經濟學無所不在!

婚姻中的經濟因素

婚姻關係中存在較多的經濟因素。中國古代的門當戶對有助於保持消費習慣的連續性,從而更有利於效用最大化的實現。現代婚姻當中,婚姻往往成也經濟因素,敗也經濟因素。

婚姻本是關於感情生活的事情,兩人因為緣分而相識相知相愛,進而攜手步入婚姻的殿堂。從此,漫漫人生旅途有你相伴,餘生相互扶持,何其浪漫?然而,從古至今,在漫長的婚姻中,純潔的感情因素並不能一直發揮主導作用,這其中始終夾雜著複雜的經濟因素。不論是古代的少婦為了忠貞而終身獨守空房並最終獲得貞節牌坊,還是現代的男女為了自由而憤然離婚,儘管其取向、行為迥異,但背後都有經濟因素貫穿其中。換言之,這些行為並非都是純粹的感情因素導致的。既然經濟因素始終發揮著作用,自然就可以用經濟學的思維加以分析。

古代門當戶對的經濟因素分析

在中國古代,談婚論嫁時十分強調門當戶對,主要是考慮男女雙

第一部分
婚姻中的經濟因素

方家庭的社會地位和經濟實力。家庭社會地位、經濟實力相當的男女雙方喜結連理才更符合社會倫理道德的要求，也更容易為世人所接受。反之，家庭社會地位、經濟實力相去甚遠的男女雙方，即使有真愛也很難終成眷屬，以至於癡情男女憤然私奔、為真愛自尋短見的故事一再上演。雖然門當戶對的觀念生生拆散了很多癡情男女，但從經濟學的角度看，講究門當戶對確實有一定的道理。家庭的生活方式、氛圍和文化是一個家族歷經數代沿襲下來的，並且深受家庭所處階層的影響，即使周圍的環境變化，這些也不會輕易改變。男女雙方出生成長的家庭如果有相近的生活習慣，對事物的看法才會更容易相近，生活中才會有更多的共同語言，才會保持更長久的彼此欣賞，也才會讓婚姻保持持久的生命力。

　　從經濟學的效用理論看，門當戶對的家庭結親的好處在於，物質生活水準在婚前婚後不會發生太大的變化，有助於保持消費習慣的連續性，從而更有利於效用最大化的實現。這麼說的理由是，個人追求效用最大化需要物質基礎，在有連續充足的物質來源的基礎上，經過恰當的組合才能實現效用最大化。換言之，僅有物質來源不足以保障個人的效用最大化，還需要物質來源供應的持續穩定性，形成穩定的預期。在滿足這些條件後，每一個人都在一個既定的預算約束中進行最優的效用組合。顯然，長期的、穩定的這種組合將會更有助於尋求最優的組合方式。如果因為婚姻使個人的預算約束發生驟變，則這種變化既不利於穩定預期，又不利於尋求最優的組合，也就是不利於個人實現效用最大化。因而，門當戶對的婚姻對男女雙方都有好處。

人生就是一部經濟學
從你出生到結婚、從你生子到年老，經濟學無所不在！

現代高離婚率的經濟因素分析

目前離婚率居高不下。高離婚率固然和思想開放有關，但這背後更多的還是經濟因素。他們由於經濟因素走進婚姻的殿堂，同樣由於經濟因素掙脫婚姻的「牢籠」，可以說現代婚姻成也經濟因素，敗也經濟因素。

先說婚姻成也經濟因素。關注人口流動的人士都知道，中國的流動人口近年占比一直比較高。2010 年的第六次人口普查結果顯示，流動人口占比為 19.4%。按照發展經濟學的觀點，經濟因素是促成人口流動的主因。無論是大學畢業生還是農村地區的外出務工人員，都以 20 歲左右的青年居多，正值談婚論嫁的年齡，他們或者是大學畢業後獨自在他鄉闖蕩，或是為了改善生計長年在外打工，久處異鄉內心難免孤寂。同時，因為缺少累積，經濟基礎薄弱，他們更願意節衣縮食，精神生活消費較少。在這種情況下，如果有異性噓寒問暖，自然讓彼此有「他鄉遇故知」的感覺。不知不覺中，這種朦朧的情愫就會發展為所謂的愛情，並讓雙方深陷其中，以至於不顧親友的反對毅然走進婚姻的殿堂。至此，婚姻可以謂之成也經濟因素。

再說婚姻敗也經濟因素。然而，大多數情況下，促使男女雙方步入婚姻的愛情並不是真正的愛情，充其量只不過是在極度孤寂的情況下的一點好感，像是孤寂的心靈久旱之後巧逢甘露。儘管他們對未來的生活充滿憧憬，但真正步入婚姻後往往發現現實並非自己以前的想像。現實與理想的巨大反差導致離婚的念頭萌發，並隨著時日的延續而愈加強烈。雖然隨著經濟的發展，人們的所見所聞逐漸增多，觀念

第一部分
婚姻中的經濟因素

也在逐步改變，社會也顯得更加寬容，從而為離婚創造了有利的輿論條件。但是，如果離婚後的生活舉步維艱，也將會對草率離婚起到威懾作用。然而，經濟的發展帶動了服務業的發展，使市場交易更加便利，諸如飲食、洗衣等原本由家庭提供的服務可以很方便地用市場交易替代。這足以使打算離婚的人對離婚後的生活產生較好的預期，促使他們在做離婚決策時更加堅決和爽快。至此，可以說是婚姻敗也經濟因素。

摻雜著經濟因素的婚姻竟然如此脆弱，自然需要你我全心呵護。經濟學強調作為一個理性的人，在做決策時不需要過多考慮沉沒成本問題。結婚導致的成本已經是沉沒成本，在做離婚決策時不需要過多考慮已婚的問題。然則，婚姻對每一個人來說是人生的一件大事，我們不能因為結婚的成本已是沉沒成本而完全不予考慮，草率地做出離婚決策。總之，在婚姻問題上需要我們謹慎對待，不論結婚還是離婚！

人生就是一部經濟學
從你出生到結婚、從你生子到年老,經濟學無所不在!

商品性質、自利與養老撫幼

　　從經濟學分析的角度,沿著蓋瑞·貝克把孩子當作商品的分析思路繼續向前推進,把父母也當作一種商品,把贍養父母當作供給父母這種商品。因為父母商品性質不同於子女商品性質,導致在養老撫幼問題上出現不同的情況。

　　孟子早在兩千多年前就提出,要「老吾老以及人之老,幼吾幼以及人之幼」。其意思是,在贍養孝敬自己的長輩時,不應忘記其他與自己沒有親緣關係的老人,在撫養教育自己的小孩時,不應忘記其他與自己沒有血緣關係的小孩。可是,兩千多年過去了,孟子的理想僅實現了一小部分,「幼吾幼」基本實現了,「老吾老」基本沒實現,「老人之老,幼人之幼」更是成了無稽之談。更有甚者,在我們的生活中,虐待老人並非個例,而是在不同的時期、不同的地方、不同的階層都時有發生。

　　雖然有觀點認為,這種現象出現的原因與人的文化水準或者是生活水準有關,或者與不良的社會環境等都有千絲萬縷的聯繫。這種解釋有一定的合理性。不過,經濟學的相關理論對此也有比較中肯的解釋。諾貝爾經濟學獎得主蓋瑞·貝克的分析給了我們一些啟示。他曾經

第一部分
商品性質、自利與養老撫幼

把孩子比作一種商品，把養育子女的行為比作供給子女這種商品。如果我們從經濟學分析的角度，沿著蓋瑞貝克的分析思路繼續向前推進，把父母也當作一種商品，把贍養父母當作供給父母這種商品。那麼，就可以把現實生活中人們的養老撫幼行為都看作是商品供給活動。然而，令人費解的是，同樣是商品的供給活動，幾乎每一個人都能夠盡心地養育子女，卻經常出現不向父母盡孝的情況。為什麼大家在這一過程中的表現相差甚遠？回答該問題需要從父母和子女這兩種商品的一些性質差異說起。

經濟學理論從競爭性和排他性的角度出發，把商品分為私人物品和公共物品。私人物品是指具有競爭性和排他性的商品，而公共物品則具有非競爭性和非排他性。所謂非競爭性，是指某個消費者對某一商品的消費，並不會影響其他消費者同時消費該商品，並且從中獲得效用滿足。所謂非排他性，是指某個消費者在消費某一商品時，不能排除其他消費者同時消費這一商品或者排除的成本很高。從商品的性質看，孩子生下來就是自己的，對父母而言自己的孩子是不可替代的，不論是從血緣關係還是從法律上看都是如此，這種商品可以看作是私人物品。如果個人供給孩子，因為孩子和自己的血緣關係不可替代，由此在消費孩子這種商品時就具有了競爭性和排他性。家長盡心的供給孩子這種商品，可以完全獲取消費孩子這種商品的效用滿足，從而可以保障自己的效用水準。

而父母往往不只生育一個子女，很多家庭都是兄弟姐妹好幾個，父母就成了所有子女的公共物品。當他們進入了需要子女贍養的階段，

人生就是一部經濟學
從你出生到結婚、從你生子到年老，經濟學無所不在！

　　如果其中的一個或幾個子女盡心盡力贍養父母，則由於父母這種商品是其所有子女的公共物品，儘管父母對每一個人而言同樣是不可替代的，但是對父母的消費具有非競爭性和非排他性。盡心贍養父母的人並不能夠完全獲得贍養行為所帶來的收益，而精心贍養父母需要付出的成本卻完全由自己承擔。兄弟姐妹搭了自己的便車，他們不付出成本贍養父母，卻同樣從父母那裡獲得效用滿足。如果每一個人都抱著這種想法行事，兄弟姐妹之間就會出現推諉之事，他們都想從父母那裡獲得好處，卻不願供給父母這種商品，即精心贍養父母。更何況對夫妻雙方來說，總有一方對其法律意義上的父母是可以尋找替代品的。最終的結果就是，每一個人都願意盡心養育子女，卻不願向父母盡孝。

　　行文至此，我們只利用商品所具有的排他性和競爭性分析了人們為什麼愛幼不敬老。雖然這種現象並不鮮見，但相比之下，現實生活中出現的更多的則是即愛幼又敬老，諸多的孝子對父母盡了孝道，其孝順的故事可謂感天動地。為什麼會出現這種差異呢？這些盡孝的都是獨生子女嗎？事實並非如此，經常有兄弟姐妹幾個競相向父母盡孝。他們的行為是不是就不能夠用經濟學分析了呢？我認為同樣可以。對於愛幼又敬老的分析需要從經濟學的倫理基礎之一——自利說起。

　　經濟學的一個重要假定就是人都是自利的。自利與我們平時所說的自私是兩個完全不同的概念。自利行為不僅可以保障自己的效用最大化，也可以增進他人的效用水準，而自私則是損人利己或者損人不利己。自私在保障效用最大化方面往往是兩敗俱傷，不僅不能保障自己的效用最大化，而且會殃及他人的效用滿足。從自利的角度看，一

第一部分
商品性質、自利與養老撫幼

些看似利他的行為同樣也是自利的,對父母盡孝、善待子女就是如此。不論自己的兄弟姐妹有幾個,自己不計個人得失,向父母盡孝是可以增進自己的效用水準的。試想如果自己不盡孝,對老人不管不問讓其孤苦伶仃的生活,的確可以減少一些成本支付,但是周邊的人就會對此議論紛紛,此時恐怕不盡孝的人內心也會承受巨大的心理壓力,從而降低自己的效用水準。因為中國傳統文化的核心要義是「孝」,大家的觀念也是養兒防老,如果子女成年後父母需要照料時不盡孝道,則勢必為周邊的人所議論。另外,每一個人年老之時都需要子女贍養,即使有社會保障制度,仍然需要從子女那裡獲得精神上的慰藉。如果自己做事不計後果,等於是給子女提供了一個活生生的例子,在潛移默化中會影響到他們對贍養父母這一問題的看法,說不定將來子女也會像自己對待父母一樣對待自己,那時個人的效用水準就會大打折扣。

中華民族一向以尊老愛幼為傳統美德,個人向父母盡孝正是遵守了風俗習慣這種非正式制度,不僅可以得到他人的好評,而且可以使自己心情愉快,同樣提高了個人的效用水準。儘管在新古典經濟學的分析中,假定人是完全理性的經濟人,甚至把人看成是一個能夠對個人的成本效用進行快速精確計算的計算器,只是追求個人的效用最大化而完全不顧及倫理道德問題。但這只是一種純理論的分析,現實生活中我們並不能按照完全理性的要求,快速準確地計算個人的成本效用,特別是在家庭內部更是如此。因此,在看待贍養父母的問題上,不論自己的兄弟姐妹有幾個,也不論兄弟姐妹對父母怎樣,個人都要「糊塗」一些,盡自己的一份孝心,在愛幼的同時真正地敬老,這一

人生就是一部經濟學
從你出生到結婚、從你生子到年老,經濟學無所不在!

自利行為是可以增進自己的效用水準的。所以僅從這個角度出發,我們也要義不容辭地承擔起贍養老人的責任。

第一部分
「跌賣漲不賣」依然不失理性

「跌賣漲不賣」依然不失理性

所謂「跌賣漲不賣」，具體來說是在農產品價格上漲時農民惜售，而在農產品價格下跌時，農民則會急於出售其手頭的農產品，特別是在農民的收入水準較低時更是如此。如果考慮到農民出售農產品的目標，農民對資訊的掌握狀況，以及農民的收入和投資具有很強的季節性，則其也是一種理性行為。

「人是理性的」一直是經濟學家的信條，無論是亞當斯密的《國富論》，還是蓋瑞·貝克的《人類行為的經濟分析》都以理性為核心思想。對於「人是理性的」這一假設，也受到很多人的質疑。儘管如此，時至今日經濟學家還是堅持「人是理性的」這一假設，最終使得經濟學作為一門科學完好地保持著其理論分析的內在一致性。然而，生活中發生的一些事情往往被認為是非理性的，特別是農民的一些行為在不經意間成為人們反駁「人是理性的」良好素材。但在我看來，農民的行為仍然是理性的，即使是他們在出售農產品時「跌賣漲不賣」也是一種理性行為。

人生就是一部經濟學

從你出生到結婚、從你生子到年老，經濟學無所不在！

經濟學的理性及其理解

在經濟學中，所謂理性是指人們總是能夠在特定的約束條件下，在各種可能的選擇中，做出最有利於其目標的現實選擇。也就是說，理性意味著每個人都會在給定的約束條件下爭取自身的最大利益。具體來說，經濟學的理性含義包括：人是自利的，極大化原則，以及個人的自利行為與群體內其他人的自利行為之間的一致性假設三個方面。這也就意味著，在分析一種經濟行為是不是理性行為時，必須充分考慮個人行為選擇時的一系列限制條件。限制條件的不同將會直接導致行為選擇的差異，也就是說理性行為會根據限制條件的不同而有不同的表現形式。

「跌賣漲不賣」仍是理性行為的原因

所謂「跌賣漲不賣」，具體來說是在農產品價格上漲時農民惜售，而在農產品價格下跌時，農民則會急於出售其手頭的農產品，特別是在農民的收入水準較低時更是如此。依據經濟學的供給定理，賣方的商品供給量會隨著商品價格的上漲而增加，隨著商品價格的下跌而減少。據此判斷農民「賣落不買漲」則似乎成了一種非理性的經濟行為。

但在分析農民的這一行為是不是理性時，首先考慮一下限制條件是必不可少的。其一，農民出售農產品的目標是什麼；其二，農民對資訊的掌握狀況；其三，農民的收入和投資具有很強的季節性。

就第一點而言，農民出售農產品的目標顯然是為了獲取相應的收益，這似乎是必然的、不值得考慮。在此處將其明確提出，是因為我

第一部分
「跌賣漲不賣」依然不失理性

們認為，農民出售農產品的目標與廠商出售產品的目標存在一些細微的差異。經濟學家一致認為，廠商的目標是為了最大化自己的利潤，所以他們會在價格上漲時增加供給量而在價格下降時減少供給量。與廠商的供給行為及其目標相比，農民出售農產品的首要目標是保障自己的生活水準。當然這並不排除農民在能保障自己生活水準的前提下，也就是有了選擇的餘地時，也想盡可能地增加自己的收益。在價格上漲時，農民為了達到盡可能擴大自己的收益這一目標，將會期望價格進一步上漲以期獲得更多的收益，從而不斷地等待。而在價格下跌時，特別是價格下跌速度比較快時，農民保障生活水準這一目標將會在很大程度上受到威脅，此時可供選擇的空間很小，因此他們會迅速出售其農產品。此外，與廠商相比，農民對生產農產品的成本很難有一個精確的核算。這或許源自農民生產農產品時都是家人勞動，並不給自己開工資的緣故。在遇到價格下跌時，他們單純地從保障生活水準這一目標來做出產品出售決策，而少考慮了成本對其決策的牽制。

就資訊的掌握而言，在大多數情況下，農民出售的農產品只是自己生產的農產品。農民生產的產品數量相對有限，在農村地區產品商品化率較低的情況下，他們能夠出售的農產品數量就更低了，花費大量時間收集產品相關價格資訊通常是得不償失的，這與廠商長期大規模從事產品的生產銷售並收集市場上的相關資訊也有所差別。另一方面，農民的活動範圍和社交區域也十分有限，他們所能夠有效獲取的資訊僅僅局限在很小的區域，一旦聽說價格變化難免會頓覺「普天之下」農產品的價格都是這樣。如果對廣泛的市場資訊沒有充分瞭解，

人生就是一部經濟學
從你出生到結婚、從你生子到年老,經濟學無所不在!

農民只能根據當時的市場行情決策。價格上漲時,他們就會據此做出價格會繼續上漲的判斷,因此惜售。而價格下跌時,他們也根據短期的市場表現認為價格會進一步下跌,只有出售產品以保障生活水準。

受自然條件的限制,農產品的生產出售具有很強的季節性,如果僅靠出售農產品獲取收入而沒有其他收入來源,則農民的收入也不可避免地具有很強的季節性。此外,農業生產的季節性使得農民的生產決策同樣具有很強的季節性。沒有哪一個農民想讓自己的生活水準出現大起大落,為了保障下一期,具體說就是下一年的生活水準,他們將不得不根據氣候等自然條件進行農業生產的投資。這意味著,農民對在何時出售農產品的選擇餘地是很小的。其結果是,農產品出售的時間選擇不僅受制於農產品保存的時間長短,還要受制於農業生產的投資決策。在農產品價格上漲時,他們在保障生活水準的前提下可以稍個體望一下;而在農產品價格下跌時,若他們再觀望,一旦農產品價格繼續下跌,下一期的生活水準很可能將會受到影響。面對農產品價格下跌,農民將不得不忍痛出售農產品以獲取下一期的投資資金,進而保障生活水準。

由上述分析可知,農民「跌賣漲不賣」的行為是在各種限制條件下,按照最大化原則採取的一種自利行為,因而是一種理性的經濟行為。在價格下跌時增加供給量,在現實中是有現成的例子的。對於以養豬為生的農民,面對豬肉價格的下跌,他們不僅不減少反而增加豬的飼養量,這似乎也與經濟學的理論相悖。但是農民這樣做的根本原因是保障他們的生活水準,在豬肉價格下跌時他們不得不增加養豬的

第一部分
「跌賣漲不賣」依然不失理性

數量。也就是說,面對豬肉價格的下跌他們增加豬的飼養量,是在各種可供選擇的方案中,最有利於其保障生活水準目標的實現。這種行為可以使得農民各期的生活水準不至於出現大的波動,從而最大化自己的生活幸福程度。

房地產市場中,尤其是二手房市場,其供給機制不同於一手房市場,會出現「跌賣漲不賣」的情況,也是一種理性的行為。

人生就是一部經濟學
從你出生到結婚、從你生子到年老,經濟學無所不在!

效用最大化:公車及其他

　　個人行為是在追求自身的效用最大化。雖然有時候行為選擇的方式不一樣甚至完全相反,但其目標都是一致的。在這一選擇過程中有可能增進了他人的效用水準,也有可能降低了他人的效用滿足。公車上的座位選擇還有其他情況都是如此。

　　搭乘公車時經常有這種情況出現,如果候車的人很多,大家便會在公車到達時一窩蜂地往車上擠,爭取能夠在乘車時有個座位坐。而如果候車的人很少,乘客相對於座位而言數量比較少,大多數乘客上車後會選擇零零散散地落座,彼此有意無意地保持一定的距離。這其中也有一些乘客彼此坐得很近。然而,稍加留意就可以發現,近距離落座的乘客一般都是彼此認識的,或者是有著特殊目的的乘客有意識地去接近他人。隨著乘客數量的增多,座位上的乘客也漸漸地坐滿了起來。一旦剩餘的空座位數量比乘客數少了,大家將會爭先恐後地去搶某一個空座位,與此同時也不乏一部分乘客選擇站著,對空座位視而不見。我們經常遇見過也親身經歷這種情況,甚至在潛移默化中成了我們每一個人的一種習慣。可是我們往往又對其視而不見,鮮有人

第一部分
效用最大化：公車及其他

去思考個中的經濟學道理。其實，大家這麼選擇的背後有著深刻的經濟學背景，都是一種追求效用最大化的行為。

第一個上車的乘客很幸運，他不僅有座位坐，而且可以根據自己的偏好選擇自己最喜歡的座位，從而在乘車的過程中獲得最大的效用滿足。比如他可以選擇靠窗的座位欣賞沿途的風景，選擇靠前的座位減輕暈車帶來的不適，選擇靠近下車門的座位方便下車，甚至可以在座位普遍比較髒的情況下，選擇一個比較乾淨的座位以減少擦拭座位的各項付出。第二個上車的乘客也比較幸運，他也可以做出類似的選擇，從中獲得比較高的效用滿足。第三個上車的乘客也可以在落座時選擇離誰遠一些，與誰坐的近一些，也會從中獲得一定的效用滿足。只要位置相對乘客而言比較多，大家都會根據自己對座位的偏好做出能夠獲得更大效用的選擇。此時大家都在思考與別人相鄰而坐還是距離別人遠一些，經過對比如果認為距離別人遠一些效用更大，大家就會選擇零零散散地坐下來，給彼此營造一個較為寬鬆的空間。雖然大家都知道身邊的空座位會被後上車的乘客占用，但能夠先比較寬鬆地坐一下仍然是好的。特別是在人類所固有的領地意識的驅動下，大家一般會選擇與陌生人保持一定的距離，以最大化自己的效用。相互認識的乘客選擇相鄰而坐，是因為他們可以從中獲得相對較多的效用滿足，比如他們可以選擇以聊天的方式打發時間。

到了車上位置相對擁擠的時候，再上車的乘客就沒有那麼幸運了。受到車上座位數量有限這一客觀條件的限制，此時可供他們選擇的不是坐哪個座位，更多的時候要在坐與不坐之間權衡抉擇。如果緊挨著

人生就是一部經濟學
從你出生到結婚、從你生子到年老，經濟學無所不在！

一個陌生人坐下來，或者是找一個不好的位置坐下來，能夠比站著獲得更多的效用滿足，這位不是很幸運的乘客就會選擇坐下來。相反，如果他經過權衡之後發現坐下來的效用滿足還不如不坐，他就會做出站著乘車的決定。當然，仔細觀察也可以發現，長時間坐車的乘客多數會在有空座位時坐下來，這是由於長時間站著需要比較大的成本付出，從而導致站著比找空座位坐下來的效用小。對那些有空座位但仍然站著的乘客來說，他們做出站而不是坐的決定同樣也是因為他們認為站著的效用滿足要比坐著大，並且這類乘客一般是乘坐的距離較短，短時間站著並不需要太多的體力付出，選擇站著或許是為了減少下車時的擁擠並從中獲得效用滿足。

如果車上已經沒有了空座位，而偏偏在這時上來一位老人、孕婦、攜帶小孩的乘客或者是殘疾人，諸如此類的乘客往往會受到優待，基本上都會有年輕健康的乘客主動讓出座位給他們坐。從效用滿足的角度來看，這一舉動也是在追求效用最大化。就讓座者個人而言，如果身邊站了「老、弱、病、殘、孕或帶小孩的乘客」，而自己卻紋絲不動地坐在那裡，心裡多少會覺得不大合適，從而使個人的效用滿足打了折扣。如果讓座者是一位有著一定社會地位的人，他也會在意別的乘客是否有不屑的眼光，更是使自己的效用滿足大打折扣。面對這種情況，與其坐著倒不如把座位讓給身邊這些更需要座位的人。這樣一來，讓座的乘客從其樂於助人的行為選擇中獲得了效用滿足。並且從整個社會的角度看，年輕健康的人讓出座位也有利於整個社會的效用最大化。其理由是，相對而言，年輕且身體健全的人站著乘車所付出

第一部分
效用最大化：公車及其他

的成本比較小，同時站著的不適感也較小，因而可以使整個社會在成本支付較低的情況下獲得更大的效用滿足。

但這並不意味著在所有情況下，個人追求效用最大化的行為都會導致整個社會效用滿足得到提高。比如當公車上的乘客比較擁擠，中間的過道站滿了乘客時，剛剛上車的乘客往往會選擇站在上車門口而不願意往裡面走。儘管此時司機一般會提醒乘客公車的尾部位置相對比較寬鬆，並請站在前邊尤其是上車門門口的乘客主動向後移動，但這種提醒效果往往不是很明顯，上車門的門口依舊擁擠。站在上車門門口的乘客之所以這樣做是不想在與別人摩肩接踵時再往後擠，從而減少體力付出，降低往後擠的不適感以獲取比較大的效用。在這種情況下，個人追求效用最大化就會阻礙他人或者整個社會的效用最大化。其一，上車門門口擠滿了乘客有可能導致公車接下來途徑的各個站牌的乘客不能順利搭乘公車，不得不延長他們的等待時間或者是選擇其他的交通工具，從而降低了個人效用水準。其二，乘客擁堵在上車門門口有可能阻擋了司機的視線，使得司機看不到右側的觀後鏡，增加了司機安全駕車的難度。當然，由於交通事故的發生只是小概率事件，所以站在上車門門口的乘客一般可以透過站在那裡獲得效用滿足，而為其行為支付成本的可能性很小。對此，如果有一定的制度約束效果就會好一些，比如乘客必須從中間的車門下車這一制度規定就能激勵乘客在比較擁擠時主動後移，一定程度上實現了個人追求效用最大化時充分考慮整個社會的效用水準的目的。

值得一提的是，類似的情況還會在學校的公共教室、各類餐廳、

人生就是一部經濟學
從你出生到結婚、從你生子到年老，經濟學無所不在！

不需按座號就座的長途公共汽車等不必為座位支付額外費用，並且可以自由選擇所坐位置的場所出現。如果人相對於座位而言比較少，大家就會選擇比較零散地落座，彼此有意無意地要保持一定的距離，只有在人多的時候座位才會慢慢地被坐滿。每個人都期待從這種選擇中獲取最大化的效用滿足。類似的生活現象還有很多，諸如：我們平時外出時多數人會選擇比較熟悉的道路，而在外出旅遊時則選擇以前沒有到過的景點；購買日常用品時喜歡到自己熟悉的商店或者大超市，而購買小飾物時則又偏向於去那些很少光顧的飾品店等等。諸如此類看似風馬牛不相及甚至是矛盾的事情，背後有一個共同的邏輯，大家之所以這麼做都是因為這樣選擇可以給自己帶來最大的效用滿足。雖然我們並沒有刻意去這麼做，或者說是習慣使然，但是從經濟學的角度看，我們總是在有意無意地圍繞著個人效用最大化這一目標而做出自己的選擇，在這一選擇過程中有可能提高了他人的效用水準，也有可能減少了他人的效用滿足。

第一部分
人多力量未必大的經濟學分析

人多力量未必大的經濟學分析

> 機會主義行為和交易成本決定了，人多力量未必就大，眾人拾柴火焰也未必高，而三個和尚沒水喝卻往往是放諸四海而皆準的道理。

人常說：人多力量大，眾人拾柴火焰高。大家一般都這麼認為。對於「一個和尚挑水喝，兩個和尚抬水喝，三個和尚沒水喝」，也很少有人提出異議。試問到底誰對誰錯？事實真的如此嗎？在我看來，人多力量未必就大，眾人拾柴火焰也未必高，而三個和尚沒水喝則往往是放諸四海而皆準的道理。何出此言？經濟學的基本理論可以給出很好的回答。

機會主義行為削弱了眾人的力量。新制度經濟學家奧利弗·威廉姆森（Oliver Eaton Williamson）認為，人們在經濟活動中總是盡最大努力去保護和增加自己的利益，甚至為保護自己的利益而採用機會主義行為。而機會主義行為之所以能夠存在，則是源於資訊不對稱。在人數較少的情況下，資訊不對稱的程度就會顯著地降低，而人數越多則資訊就越發不對稱。「濫竽充數」這個成語故事就是一個很好的例證，如果只有一個人吹竽，那麼南郭先生恐怕也不敢去忽悠齊國的

49

人生就是一部經濟學
從你出生到結婚、從你生子到年老，經濟學無所不在！

國君，正是多人吹竽才使南郭先生有機可乘。在人多的情況下，資訊的不對稱為人們進行機會主義行為提供方便，一些人乘機去損人利己，導致儘管人多但力量並不大。在現實生活中，機會主義行為就表現為「搭便車」。雖然「搭便車」行為不合乎倫理道德，為人所不齒，但是也正是眾人的存在才為「搭便車」行為提供了條件。一個不爭的事實，是一個人永遠無法實現「搭便車」。因此，一個和尚可以挑水喝，兩個和尚就要抬水喝，三個和尚卻無水可喝。

交易成本使得眾人力量難以有效聚集。儘管至今經濟學界對於何謂交易成本尚無一個公認的定義，但這並不影響交易成本在各種經濟行為中發揮作用。完成任何一項交易都是有成本的，並且交易成本隨著參與交易的主體數量的增加而增加。這是由於，在人多的情況下，協調眾人採取一致的行動往往很難，導致其力量難以有效形成合力。為什麼各種制度往往能夠有效地保護少數利益集團的利益，而多數人的利益卻得不到有效的保護？原因也正是交易成本。個體數目較多直接導致群體難以有效採取一致行動，集體的優勢很難顯現，天塌下來大家頂著，個體的積極性難以調動。試想又有多少人會不計個人得失去努力做對集體和他人有益的事呢？至此，可以進一步延伸認為個體數目越多的集體，主動維護集體利益的個體就越少，其總體利益越容易受到傷害。那麼，人多的時候巨大的力量從何而來？眾人去拾柴，火焰又如何能夠燒得很高？

第一部分
今日特餐的經濟效果

今日特餐的經濟效果

　　餐廳老闆推出今日特餐並非是為了消費者而情願虧血本，但是他們這一舉措的確在保障自己利益的情況下給消費者帶來了一些實惠，餐廳老闆和職員，還有蔬菜供應商也會從中受益，這是由於規模經濟在發揮作用。

　　外出就餐時經常會遇到這樣一種情況，餐廳門前比較醒目的地方立著一張牌子，上面寫著今日特餐、今日推薦菜等。稍加留意就能夠發現，餐廳所隆重推介的今日特餐、今日推薦菜的菜價一般都相對便宜一些，我們根據這一特徵把今日特餐、今日推薦菜統統稱為今日特餐，以便於表述。追求利潤最大化的餐廳老闆為什麼這麼仁慈，推出今日特餐？他們難道真的要為了消費者而不惜虧血本嗎？情況並非如此。餐廳老闆這樣做並非是真的願意為了消費者而情願虧血本，但是他們這一舉措的確在保障自己利益的情況下給消費者帶來了一些實惠。解釋這一問題需要從規模經濟說起。簡單來說，規模經濟就是指隨著生產能力的擴大，生產單位產品的成本會下降。當然如果生產能力無限制的擴大，那麼就有可能出現單位產品的成本上升，從而導致規模不經濟的情況。餐廳老闆提供今日特餐給消費者帶來實惠的原因

人生就是一部經濟學
從你出生到結婚、從你生子到年老，經濟學無所不在！

就是規模經濟在發揮作用。但是餐廳老闆這一舉動的受益人不僅是消費者、餐廳老闆和職員，還有第三方——蔬菜供應商。

　　就消費者一方而言，走到餐廳門口看到今日特餐的牌子之後，等於獲得了一些有助於他們做出點菜決策的資訊，這樣他們在點菜的時候就可以有效地縮短選擇時間，減少自己的搜尋成本。可以想像，在飢腸轆轆之時等待飯菜，每一分鐘對消費者來說都顯得比較漫長，如果能夠快速地把菜定下來進而馬上進餐，則進餐的效用對每一個消費者而言都是較大的。更何況對很多人而言，點菜還是有一定難度的，因為在菜點得比較好的情況下，可以讓大家吃得很舒服，而點不好則會讓大家在進餐時難以有效實現效用最大化。今日特餐的出現可以使消費者搭一下便車，輪到自己點菜時迅速決策點特餐。此舉既完成了本人點菜的任務，又給請客吃飯的人節約了一些開支，儼然成了一件利人利己之事。同時，今日特餐一般價格都比較便宜，所以這也能夠給消費者帶來實實在在的實惠。總之，今日特餐的出現為消費者節約了資訊搜尋的成本，等待飯菜的時間成本，以及為飯菜所支付的貨幣成本，消費者的確可以從中獲益。

　　精明的餐廳老闆在思索之後，認為消費者很可能會以比較大的規模消費今日特餐，他們也會隨之按照自己對消費者的合理預期而做出決策。因為他們預期到一旦今日特餐的牌子非常醒目地立在餐廳入口處，消費者看到之後會大規模地點特餐，所以餐廳老闆就可以為了迎合消費者的需求，在原材料採購階段對烹飪今日特餐所需的原材料進行比較大規模地採購。這樣一來，餐廳老闆在原材料採購中就增加了

第一部分
今日特餐的經濟效果

討價還價的籌碼，壓低原材料的採購價格，降低單位原材料的運輸成本，使得他們可以從大規模的採購中獲益。同時，在飯菜的烹飪階段，廚師可以大規模地生產，一次做出比較多的菜，等消費者需要時可以直接上菜，這樣可以為消費者節約等待時間，但是這種做法卻有點不夠道德。其實還有其他的選擇，他們也可以在兼顧道德的情況下獲益，因為消費者反覆點今日特餐，使得廚師可以反覆地烹飪這些菜，從而提高烹飪的熟練程度，提高烹飪的效率並從中節約成本支出。雖然今日特餐的利潤率相對來說比較低，但其大量出售同樣可以使餐廳老闆從中獲取可觀的利潤。如果餐廳的所有員工都可以根據經營績效而獲取相應的收入，那麼今日特餐為餐廳帶來的收益增加就可以惠及該餐廳所有的員工。

再來說說蔬菜的供應商一方。餐廳老闆在原材料採購階段憑藉其大量採購而壓低蔬菜的價格，此時會不會危及蔬菜供應商的利益呢？表面上看是有可能的，但事實卻並非表面所呈現的那麼簡單。為節約筆墨就把菜農和菜販合起來稱之為蔬菜供應商，或者說把所有的蔬菜供應商看作是出售自己生產的蔬菜。一般而言，一次性的交易中蔬菜供應商所能夠供給的蔬菜數量會遠遠大於單個餐廳老闆的採購量，這樣一來他們總是有一個願望，即能夠在較短的時間內把蔬菜較快地賣出去。對蔬菜供應商而言，他們因為餐廳老闆的大規模採購而降低蔬菜的供給價格，對一般的消費者顯然是一種歧視，更準確地說是一種二級價格歧視。但不要忘了，經濟學的分析早就告訴我們，供應商價格歧視的目的無非是盡可能多地獲取消費者剩餘，看似虧本的蔬菜供

人生就是一部經濟學
從你出生到結婚、從你生子到年老,經濟學無所不在!

應商已經從其二級價格歧視中獲得了利益。如果再考慮蔬菜供應商在出售蔬菜時等待的機會成本,蔬菜不能迅速出售而不得不保存的存儲成本,蔬菜因為不能及時出售而腐爛所帶來的各種損失等,那麼蔬菜供應商從今日特餐中的獲益可能會更大一些。

前文在談到規模經濟時,說到了規模不經濟的問題。餐廳老闆在推出今日特餐的時候,會不會遭遇規模不經濟而損害自己的利益呢?理論上講這種情況不是沒有出現的可能,但是考慮到餐廳能夠同時接納的消費者數量受到其就餐座位數量規模的限制,如果餐廳的座位已經被坐滿,那麼因為一天當中吃飯的時間是比較集中的,且消費者進餐的等待時間也不大可能會很長,很少有人會為了今日特餐而長時間地等待,更何況推出今日特餐的餐廳又不是只有一家。所以餐廳老闆只要稍微考慮一下自己的經營規模和消費者的反應,從而在推出今日特餐的時候稍微有點計劃性,就可以避免規模不經濟現象的出現。從而為自己、為他人帶來利益,增加其福利水準,實現多贏。我們也由衷地希望餐廳老闆能夠把今日特餐的種類稍微增加一點,這樣大家的效用水準將會更高一些。

第一部分
事不關己只是妄想

事不關己只是妄想

　　外部成本的普遍性直接決定了幾乎所有的經濟活動都會直接或間接地影響到他人,增進或者減少他人和整個社會的福利滿足,而在這其中又往往會牽涉到自己,事不關己也難以「高高掛起」。

　　事不關己的意思就是事情與自己沒有關係,此時便可以選擇「高高掛起」。這似乎告訴我們每一個人,面對棘手或者複雜的事情時可以置身事外,在他人需要幫助時可以袖手旁觀而不必拔刀相助。然而,經濟學的外部成本理論告訴我們,只要我們還生活在這個花花綠綠的世界,事不關己在很大程度上就只是妄想。

　　外部成本是經濟學中一個常見的詞,它是指一個經濟主體的行為對其他經濟主體的利益造成了影響,但是這種影響並沒有在市場交換中表現出來。比如養蜂人在花開時節到果園旁邊放蜂,因為蜜蜂辛勤勞作促進了果樹的傳粉,最後不僅養蜂人自己收穫了蜂蜜,而且果農也大獲豐收。此時,養蜂人的行為就是一種正外部成本行為,因為他的行為給別人帶來了好處,而不求回報。再如,缺乏社會責任感的企業家不採取應有的減排措施,在其生產過程中排放了大量的污水和有

人生就是一部經濟學
從你出生到結婚、從你生子到年老,經濟學無所不在!

害氣體。雖然企業家獲得了其生產活動帶來的收益,但是生活在工廠周邊的居民、棲息於工廠周邊的花鳥魚蟲的生存環境卻遭到破壞,甚至是碧水藍天都成了一種美好的回憶。這時,企業家的行為就是一種負外部成本行為,這源於他的行為危及其他經濟主體或環境主體的正當利益,卻並沒有因此而給予其相應的賠償。

的確,養蜂人和企業家給其他經濟主體帶來的收益和傷害都是實實在在的,數代經濟學大家也不排斥這種分析,所以對外部成本的分析在經濟學中一直留存至今。我們不排除這種分析的合理性。同時,因為外部成本確實影響了其他經濟主體的利益,外部成本製造者的成本或收益總會由其他經濟主體分攤,所以我們同樣承認外部成本是真實的。進一步思考則不難發現,這種分析思路過分看重養蜂人的付出、企業家的破壞,他們帶來的收益或者傷害讓其他經濟主體分攤了,其個人只獲得了部分收益、支付了部分成本。而在很大程度上忽略了養蜂人送人玫瑰之後的手有餘香,企業家危害他人而難以獨善其身。養蜂人和企業家的行為只影響其他經濟主體,而與自身毫無瓜葛嗎?答案顯然是否定的。

慈善的養蜂人並非不食人間煙火,他們也只是凡人一個,聰明的養蜂人很有可能去購買水果。按照經濟學的邏輯,商品的價格是由供求關係來共同決定的。養蜂人的行為讓果農大獲豐收,在其他條件不變的情況下水果的供給將會隨之增加。如果需求沒有發生變化,則意味著供求關係作用下水果的均衡價格將會下降。養蜂人此時去購買水果也有機會獲得更多的消費者剩餘,這就是他送人玫瑰之後留存於手

第一部分
事不關己只是妄想

的餘香。同樣有可能的是，果農因為大獲豐收增加了自己的收入，從而會增加對蜂蜜的需求導致蜂蜜價格提高，作為蜂蜜供給方的養蜂人同樣可以從中獲益。

冷酷的企業家也並非與世隔絕，他同樣生活於俗世凡塵。企業家不負責任的生產行為不僅僅傷害到了工廠周邊的人魚鳥獸，遲早也會殃及自己的利益。由於工廠周邊的生存環境受到了很大的破壞，企業家為了沐浴明媚的陽光，呼吸新鮮的空氣，欣賞潺潺的溪流而不得不到遠離工廠的地方居家。這就意味著，他每天往返於工廠和家庭之間的成本會相應提高，包括路途花費更多的時間，購買更多的燃油供汽車使用，甚至是因為路途花費時間較多而減少休息時間，從而慢慢地影響了自己的健康，等等。再者，企業家能否獲利以及獲利多少並不是完全由自己決定。企業家的行為可能會降低周邊居民的收入，進而減少對自己生產的產品的需求；或是因為其他原因而減少對企業家所生產的產品的購買，如因為生存環境的破壞而導致健康狀況下降不得不購買更多的醫療服務，從而減少其他消費。不論如何，此時企業家所面臨的需求下降了，不得不在供求關係作用下以較低的價格出售其產品，從而自己的收益也會隨之下降。

可見，不論是提供正外部成本的養蜂人還是提供負外部成本的企業家，他們自身的利益也會受到外部成本的影響，他們並沒有真正達到事不關己的境界，因為他們都生活在凡塵俗世。養蜂人因為提供了正外部成本而提高了自己的幸福程度，企業家因為提供負外部成本而降低了自己的福利水準。不排除從絕對量上看，與受到影響的其他經

人生就是一部經濟學
從你出生到結婚、從你生子到年老,經濟學無所不在!

濟主體比起來,外部成本的提供者所受到的影響可能會更大。也就是說,可能存在一種反饋機制,並且透過這種反饋機制讓正外部成本的提供者從中受益,而讓負外部成本的提供者從中受損。正是因為這種機制的存在,直接導致外部成本的提供者並不能讓自己的行為完全外部化,事情總是與自己有著千絲萬縷的聯繫。

外部成本的普遍性直接決定了幾乎所有的經濟活動都會直接或間接地影響到他人,增進或者減少他人和整個社會的福利滿足,而在這其中又往往會牽涉自己。亞當斯密在創立經濟學之時就清楚地看到了這一點,他提出了著名的理性人假設。每一個經濟主體都是自利的,他們的自利不僅增加了自己的利益,也會增加他人和整個社會的利益。即使是從自利的角度出發,我們也要增強社會責任感,多從事具有正外部成本的經濟活動,盡量減少負外部成本經濟活動的供給,這樣我們才能在這個地球上和諧共存,才能真正提高每一個人和整個社會的福利滿足!多做「養蜂人」,我們將會生活得更好,因為事情往往是關己的,我們並不能非常瀟灑地「高高掛起」!

第一部分
潛在進入者緣何猶豫

潛在進入者緣何猶豫

　　按照新古典經濟學的邏輯，一旦某個市場或者行業有了超額利潤，馬上就會有大批的潛在競爭者進入，進入壁壘也因之成了一個行業能否獲得超額利潤的重要影響因素。現實情況是，廠商會更多地在進與不進之間徘徊。

　　亞當斯密以其曠世巨著《國富論》開創了一個新的學科——經濟學，其中提出的理性人假設影響一代又一代經濟學家。新古典經濟學更是將亞當斯密的理性人假設推向了極致，在新古典經濟學家看來，每一個人都是完全理性的，其對各種情況判斷的準確性也是驚人的。時至今日，只權衡利益代價的理性人仍然是大多數經濟學家進行經濟學研究的邏輯前提。按照這種邏輯，一旦某個市場或者行業有了超額利潤，馬上就會有大批的潛在競爭者進入，導致賣方的競爭加強，產品供給大幅度增加，引發供過於求，結果是價格不得不下降，超額利潤消失，價格恢復均衡價格，市場也恢復均衡。進入壁壘也因之成了一個行業能否獲得超額利潤的重要影響因素。現實情況是，並非每個行業都具有很高的進入壁壘，且該行業的在位廠商可以獲取較高的利潤，但是並沒有引發進入或者沒有立即引發進入。我們更常見的情形

人生就是一部經濟學
從你出生到結婚、從你生子到年老,經濟學無所不在!

是許多潛在進入者在進與不進之間進行徘徊,這又是為何?

資訊不對稱

　　資訊對稱或者完全資訊只是一種理想的狀態,現實中每一個人在決策時都面臨著資訊不對稱或者不完全的問題。當一個行業出現了超額利潤時,這一有效資訊並不會立即傳遍整個經濟社會,直接導致部分人並不知道超額利潤的存在。對以追求個人利益最大化為唯一目標的個人來說,進入某個行業或者從事某種經濟活動就是為了個人利益最大化。在沒有超額利潤存在的情況下,他們是不會貿然進入某一個行業投資的。而當有了超額利潤時,受客觀條件的限制他們並不能夠立即獲知這一利好資訊,從而難以據此做出進入決策。即使某一行業的確存在超額利潤這一資訊可以為某些群體獲取,他們也不知道到底有多少人獲得了這一資訊,難以對未來盈利有一個合理的預期,從而也會在進與不進之間徘徊。這類現象非常常見。比如,當下諮詢公司或者諮詢產業逐漸發展壯大,其原因之一是人們想利用諮詢業的資訊優勢,降低個人的資訊收集成本並減少資訊不對稱問題,方便做出投資決策。

有限理性

　　儘管亞當斯密提出了理性人假設並且在新古典經濟學家那裡發展到了極致,但與新古典經濟學家稍有不同的是,多數的經濟學家特別是制度經濟學家認為完全理性的假設過於完美,它只能說是先賢聖人

第一部分
潛在進入者緣何猶豫

構造的一個十分精致且與現實並不完全相符的理論框架。因此，制度經濟學家提出了人是有限理性的假設，並且很好地解釋了各種經濟現象。完全理性的經濟人能夠準確計算各種經濟活動的成本和收益，當經過計算從事某項經濟活動的成本大於其收益時，這項經濟活動便得以展開。而有限理性意味著，並不是每一個人都能夠快速準確地計算其即將從事的各種經濟活動的成本和收益。如果某個行業存在超額利潤，當人們並不能準確計算進入該行業到底可以獲取多少利潤時，他們便不會採取措施積極進入該行業。預期在人們做出抉擇的時候起著至關重要的作用，預期利潤較少或者預期利潤不確定時，他們是不會進入有超額利潤的行業的。經濟主體之間存在一定的依存性，是否採取某項舉措進入一個有超額利潤的行業逐年也取決於其他經濟主體的行為。在多數情況下，基於每一個人都是有限理性的共識，個人往往會形成這樣一種預期，貿然進入某個超額利潤行業往往並不能夠獲益，從而阻止了個人的進入。

風險偏好

開展各種經濟活動都會面臨或多或少的風險，不同個體對風險的態度卻是不同的，據此可以把人分為三類，即風險偏好型、風險中性型和風險規避型。按照一般的理解，大多數個人都是風險規避型的，只有少數的企業家才具有風險偏好的特質。儘管某一行業存在超額利潤，但是高利潤與高風險往往是相伴而生的命題往往能夠在多數情況下成立。我們只能夠採取有效措施消除各種非系統性風險，而對系統

人生就是一部經濟學
從你出生到結婚、從你生子到年老,經濟學無所不在!

性風險卻沒有行之有效的規避措施,因而不得不面對系統性風險所可能帶來的各項不確定性。大多數人出於風險規避型的風險態度使得他們不願意為了獲取收益而承擔風險,這就可以成功地阻止這一類人進入某一個存在超額利潤的行業。同時,由於風險規避型的經濟主體占據著絕大多數,企業家作為風險偏好者願意為高額利潤鋌而走險,但因其人數較少決定了在是否選擇進入某一行業時,他們的決策對總體局勢的影響有限,最終導致了某一行業存在超額利潤卻沒有潛在進入者進入的局面。

交易成本

進入任何一個行業從事各種盈利的活動都需要有一定的投資支出,比如為了進入而不得不學習各種相關的技術,為了進入而不得不簽訂各種契約等等,所有這些共同構成了進入一個行業從事經濟活動的交易成本。正如物理學中完全光滑的平面只是理想的狀態一樣,經濟學中的交易成本為零也是一個美好的假定。在通常情況下,交易成本是非負的,並且在極個別情況下可能會相當得高。不同經濟主體的支付能力是有差異的,可能會存在一些經濟主體準確地知道某個行業存在超額利潤,並且也願意為之承擔一定的投資風險,但是因為難以支付高額的交易成本,從而不得不放棄進入存在超額利潤的行業從事營利活動的想法。在一些法制不是很健全的國家,各種契約對人的行為約束效果不是很好,況且完善法制以規範人們的行為不是個人或者一時做出努力就可以奏效的,直接導致進入某一個行業的交易成本會

第一部分
潛在進入者緣何猶豫

更高,從而更有可能出現某一個行業存在超額利潤而沒有潛在進入者進入的現象。

差異化的個體

雖然在經濟學的研究中為了分析的方便提出了各種假設,個體之間的差異被巧妙地抽象掉了,但是個體之間存在差異卻是不爭的事實,並且其對個人決策的影響更是不容忽視。個體之間的差異導致不同個體從某一經濟活動中所能夠獲取的效用滿足程度是不同的。其中,選擇進入有高額利潤的行業投資,並獲取利潤只是個人實現效用最大化的途徑之一。可能會出現一些人比較淡泊名利,視金錢如糞土,各種金錢收入的增加並不能夠為個人帶來比較大的效用滿足。從而對這部分人來說,進入一個有著高額利潤的行業開展投資活動就不是一個好的選擇。在此情況下,他們就會選擇不進入高額利潤行業從事逐利活動,而是根據自己的愛好或者是人生目標,從事一些能夠給自己帶來比較大效用滿足的活動。另外,可能會出現某些個人的確能夠從金錢收入的增加中獲取比較大的效用滿足,但是因為個人能力所限而不能夠成功地進入高額利潤行業謀求利潤。結果是有高額利潤的行業存在卻沒有經濟主體進入。

人生就是一部經濟學
從你出生到結婚、從你生子到年老，經濟學無所不在！

公平苦旅

從經濟學的視角看，社會存在不公平現象的原因有很多，其中有一些在現有條件下是不可避免或者很難避免的。資訊不完全、機會主義傾向、機會成本、差異化的個體等因素就是如此。

中國自古就有「不患寡而患不均」的傳統，這種公平觀雖然帶有平均主義思想，並且與科學的公平觀有著很大的偏差，但是它卻從一個側面反應了幾千年來中華民族對公平的追求。令人遺憾的是，時至今日，公平作為一種理想仍沒有完全實現，社會上還有很多不公平的現象。從經濟學的視角看，不公平現象的原因有很多，其中有一些在現有條件下是不可能或者很難避免的。

資訊的不完全

在經濟學的分析中，完全競爭市場是一種最理想的狀態，能夠實現整個社會福利的最大化。在這樣的市場上，消費者和廠商都能得到一種比較好的結果，因而為眾多的經濟學家所推崇。但市場真正達到完全競爭的一個前提條件是資訊是完全的。

第一部分
公平苦旅

　　如果沒有了完全的資訊，完全競爭市場也只能是一個美好的願望。我們生活的現實社會，只有近似的完全競爭市場，而沒有真正意義上的完全競爭市場。就實現社會公平而言，也需要完全的資訊。特別是在知識經濟、資訊經濟時代，資訊對實現社會公平的重要性更加突出。

　　然而，正是資訊的不完全導致了一種低效率的平均主義。以二手產品交易市場為例，在這個市場上，從消費者的角度看，公平的結果應該是支付意願較高的消費者獲得品質相對較高或者性能相對較好的消費品，而支付意願較低的消費者獲得品質相對較低或者性能相對較差的消費品。從供給者的角度看，公平的結果理應是出售較高品質的供給者能夠在產品的交易中獲得高價，而出售較低品質的供給者只能在產品的交易中獲得低價。但這種公平的結果卻不能有效實現，原因在於，資訊的不完全導致買賣雙方的資訊不對稱。賣方擁有產品的私人資訊，在交易中處於一種資訊的優勢地位，而買方則處於一種資訊的劣勢地位。賣方會利用自己所處的資訊優勢地位採用以次充好等手段蒙蔽買方。而買方也對此形成一種預期，即二手產品市場上交易的產品品質一般較差。在有了這種預期之後，理性的買方只會根據一般的產品品質確定自己的支付水準。一個均衡的結果是賣方供給品質較差的產品，而買方支付平均的價格並購得品質大眾化的產品。

　　從均衡的結果看，買賣雙方進行的是一種公平的交易，但這只能說是一種平均主義，大家都處於一種低水準的均衡。並且，對那些願意提供高品質產品的供給者，以及那些願意支付高價買品質較高產品的消費者而言，市場達成的均衡結果對他們是不公平的。因為一些消

人生就是一部經濟學
從你出生到結婚、從你生子到年老，經濟學無所不在！

費者願意用較高的支付消費品質較高的消費品，但是他們卻只能按照平均的支付水準獲得一個品質水準中等的消費品。部分供給者情願供給品質較高的產品並收取較高的價格，但是面對均衡的市場結果，他們卻只能以平均的價格水準出售其產品。由此一來，這類消費者和供給者只能選擇不參與市場交易，或者參與市場交易卻沒有實現效用最大化。這對他們而言顯然是不公平的，而造成這種結果的原因是資訊的不完全。在一個社會中，資訊的完全只能是一種理想狀態，這直接阻礙了公平的有效實現。

機會主義傾向

按照奧利弗·威廉姆森的定義，機會主義傾向是指人們借助不正當手段謀取自身利益的行為傾向。在制度經濟學家看來，人人都有機會主義傾向，只是不同人的機會主義傾向程度不同，制度的存在正是為了規避或者遏制人的機會主義傾向。理性的經濟人是自利的，他們都希望實現自己長期、總體效用水準最大化。當然，一個人透過正當合法途徑來追求自己的效用最大化是無可厚非的。然而，如果一個人採用一種不正當、透過非法途徑獲得效用的最大滿足，也就是採用機會主義行為，則對他人而言是不公平的。在生活中，人們的機會主義傾向引發的社會不公平現象比比皆是。

誘發全球性的物種大量滅絕的因素有很多，但如果從經濟學的角度看，其中之一是人們的機會主義傾向。很多面臨滅絕的物種都是一些經濟價值較高的物種，並且野生動物更易於面臨滅絕的威脅。如果

第一部分
公平苦旅

從偷獵者個人成本收益的角度看，捕殺瀕危動物，他們所支付的也只是一些獵殺、交易等成本，而這些相對於收益而言比較低，也即個人可以從中獲得較高的經濟收益。也正是看到了這一點，不法分子鋌而走險，透過各種手段捕殺瀕危物種。雖然他們個人在這種交易中獲得了較高的經濟收益，但對整個社會來說是一種不公平的結果。從整個社會的角度看，保持物種的多樣化不僅更有利於維持自然的生態平衡，而且可以給整個人類帶來各種福利的滿足。沒有參與捕殺的那部分人不僅沒有從中獲益，反而蒙受了因為他人濫捕濫殺所帶來的損失，因為他們同樣要承擔物種滅絕引發的不良後果。

諸如此類的例子還有很多，比如高污染的工業生產企業對生態環境的污染，儘管對整個社會是不利的，但對個人或者特定的利益團體確實有著短期的利益。受機會主義傾向的驅使，他們不惜冒著被查處的危險，不採取切實有效的措施控制污染物的排放。個人或者某些小的利益集團會因此獲取短期的局部的利益，而環境污染引發的不良後果將由全社會承擔。這種大肆污染環境的行為，所形成的結果也是不公平的。

造成上述種種不公平的局面，都直接或者間接與人的機會主義傾向有關。客觀地講，只要人的主觀能動性還存在，不論制度如何健全，人的機會主義傾向都是不可被完全避免的，因為機會主義傾向引起的不公平就不可避免地會持續存在。

人生就是一部經濟學

從你出生到結婚、從你生子到年老，經濟學無所不在！

交易成本

交易成本的概念是由著名制度經濟學家羅納德·科斯（Rorald Harry Coase）提出的。一般的理解是，交易成本是依靠市場交易配置經濟資源所需付出的成本。時至今日，雖然經濟學界對於何謂交易成本仍無定論，但這並沒有影響人們採用交易成本進行各種分析。按照一般的看法，交易成本不僅不可逐漸消除，而且在整個社會經濟成果中的比重會隨著經濟社會的發展而不斷增加。從交易成本的角度看，日常生活的一些行為看似公平，但如果綜合考慮多種因素，那麼人們通常所認為的公平結果卻包含了很多不公平的因素。而對此，人們寧可面對不公平的結局，保持一種低水準的均衡，也很少有人去努力改變。其原因在於，正如物理學研究中絕對光滑只是一種理想狀態，任何平面都有摩擦力存在一樣，交易成本是日常經濟活動中的一個「摩擦力」，它的存在是不可克服的，人們能做的只是盡可能降低交易成本。

思考這麼一種情況，在日常的外出旅行中，不論是搭乘飛機、火車、汽車還是輪船，交通部門在制定價格時的依據都是乘客搭乘的里程。也即搭乘的交通工具相同時，搭乘的里程越長，票價越高；而搭乘的里程越短，票價越低。如果不考慮搭乘的里程越多，平均到單位距離的交通費用越低的問題，不考慮未成年人乘車及各種乘車優惠問題，也不考慮各地消費水準差異所引起的票價差異等因素，則按照里程的多少收取票價是一種公平的結果。但事實上這是極其不公平的，因為不同乘客的體重等是不相同的。一個常識性的現象是，各種交通

第一部分
公平苦旅

工具裝載的貨物越多，則同樣的行程所耗費的燃料越多。由此一來，體重不同的乘客搭乘同樣里程的情況下，對交通部門所帶來的成本負擔是不一樣的。在運送的里程一樣時，相對於運載體重較輕的乘客，運載體重較重的乘客需要交通部門支付更多的成本，這對交通部門是不公平的。體重較輕的乘客，卻沒有因為給交通部門帶來運費的節約而降低其對票價的支付，他們也未受到公平的待遇。

城市的公車、輕軌、地鐵等在收取票價時，只要是搭乘同一路線同一類型的車，就收取同樣的價格，雖然方便了乘客，但同樣是一種不公平的結果。真正公平的結果是交通部門在收取票價時，既參考乘客搭乘的距離也參考乘客的體重等因素，綜合多種因素制定收費標準。但交通部門並沒有這樣做，面對這種結果，乘客也沒有足夠的動力來尋求改變。原因何在？因為如果綜合考慮里程、體重等各種因素制定票價，一個顯然的結果是在執行時需要稱量每一個乘客的體重。這意味著大家在購買機票、車票、船票時都要花費更多的時間和精力，也就是支付更多的交易成本。面對不可消除的交易成本，一個理性的選擇是為了方便生活，避免更多的交易成本支出，只有忍受這種不公平的結果。

差異化的個體

為便於理論的分析，經濟學的研究做出了很多假定。在這其中，在多數情況下都是將不同個體看作是同質的，這樣一來確實為理論的分析帶來方便。有了機會主義傾向這一假定，經濟學家就隨之提出要

人生就是一部經濟學
從你出生到結婚、從你生子到年老,經濟學無所不在!

用制度來規避人們的機會主義行為。暫且不論制度是否能夠有效規避人們的機會主義行為,以及能在多大程度上規避機會主義行為。假定人們在進行各種活動時,都嚴格遵守制度規定。即使有一個一致的制度規定,在人們遵守這項制度的過程中,不公平的現象也會隨之發生。這是由於,每一個體都是與眾不同的異質個體,在遵守同一制度規定時,他們所面臨的機會成本是不同的。

以排隊購票為例,如果有一項制度規定人們在購票時必須排隊。首先假定,每一個人無論在何時購票都能以同樣的時間花費買到票,並且每一個人一次排隊只能買一張票,也就是說人們每買一張票,花在排隊上的時間是相同的。這似乎是一種公平現象,其實不然。因為人們彼此之間存在差異,在排隊購票的過程中,他們所面臨的機會成本是不同的。相對於機會成本較低的排隊購票者,機會成本較高的排隊購票者的損失絕對額自然會大一些,但他們獲得的結果卻是一樣的,都是買了一張票。顯然,這是一種不公平的現象。進一步放鬆假定,每一個人一次排隊只能買一張票,但是排隊購票的時間卻不一致,這是一種更加符合現實的假定。在購票的低谷期,人們可以迅速買到票,花在排隊購票上的時間會少一些。而在購票的高峰期,為了買一張票花在排隊上的時間會更多一些。在這種情況下,即使不考慮人們面臨的機會成本的差異,獲得同樣的結果即買到一張票其花費的時間不一樣也是一種不公平的現象。

可見,即便是面臨同一制度約束,由於個體之間的差異也會造成一種不公平的結果。儘管在經濟學的理論分析中假定了個體是同質的,

第一部分
公平苦旅

但在我們的生活中,尚且不論有著主觀能動性的人,毫無意識行為的樹葉都沒有完全相同的兩片。消除個體之間的差異只能是一個不切實際的幻想。不論我們是否承認,不同個體之間的差異總是存在的。由此一來,絕對的公平是不存在的,只能在一定的時間或者一定的地域範圍內保持適度的公平,甚至在一些情況下適度的公平也很難有效實現。這一結局並不是某一個社會、某一個團體有意造成的,而是在目前條件下,由一些人類不可避免的因素共同作用所致。儘管如此,這並沒有否定人類仍然可以向著公平的方向前進。

人生就是一部經濟學

從你出生到結婚、從你生子到年老,經濟學無所不在!

第二部分

機制設計

在運用經濟學理論對行為分析的基礎上,也可以從經濟學的視角開闊機制設計的思路。嚴格按照經濟學的邏輯進行行為分析,並以此為基礎開展機制設計,從而可以達到更好地規範組織機構和個人行為的目的。

人生就是一部經濟學
從你出生到結婚、從你生子到年老,經濟學無所不在!

想一想

1. 按照經濟學的邏輯進行機制設計,有哪些優點和不足?
2. 如何更好地利用經濟學理論來提高管理成效?
3. 面對無處不在的外部成本,如何提高制度實施效果?
4. 能否就經濟社會發展中的某個重大問題,思考用經濟學理論尋找解決方法?
5. 如何用經濟學理論來優化制度設計?

第二部分
管理管的是預期

管理管的是預期

經濟主體的行為選擇是依據預期而做出。為做好管理工作,自然要求要引導、規範、統一組織機構內部各個主體的預期,透過採用彼此均認同的預期引導其多從長期的、理性的角度做出各種行為選擇,以此提高組織機構的辦事效率和營運效率。

簡單而言,預期就是對未來情況的估計。經濟學理論強調,經濟主體的行為選擇是依據自己的預期而做出的,預期直接影響經濟主體的行為選擇及行事方式。在組織機構內部,管理工作主要是引導、規範、統一組織機構內成員的各種行為,使其圍繞組織機構的目標,按照一定的制度規則行事,從而實現組織機構的整體價值提升。按照經濟主體的行為選擇是依據預期做出的分析思路。為了做好管理工作,管理者自然需要引導、規範、統一組織機構內部各個主體的預期,透過採用彼此均認同的預期引導其多從長期的、理性的角度做出各種行為選擇,以此提高組織機構的辦事和營運效率。

「管理管的是預期」對管理者和被管理者都是成立的。在組織機構內部,處理任何一件事務,管理者和被管理者都會對彼此有預期。

人生就是一部經濟學
從你出生到結婚、從你生子到年老,經濟學無所不在!

　　管理者希望被管理者按照自己預想的方式,向著自己預期的方向,及時完成各項工作任務。而被管理者則希望自己根據管理者的要求做完各項工作後,能夠切實取得工作的實際效果,減少無用功的投入,同時在完成工作的過程中展示並提升自己各方面的能力,得到管理者和同事的認同。雙方的預期直接影響其行為選擇,並且不僅影響一方,還會影響另一方的預期及其行為選擇。如果被管理者前期的各種行為讓管理者不能及時發現其能力及特長,則管理者將會選擇減少給被管理者安排具有挑戰性工作的機會,甚至終結與被管理者的關係。如果管理者前期的行為選擇讓被管理者看不到發展的希望,則被管理者將會選擇消極怠工甚至是主動離開。

　　管理者與被管理者的預期方向是否一致,能否長期保持就顯得非常重要。這是因為,組織機構各種預定目標的實現需要管理者和被管理者雙方的努力,兩者在共同完成工作任務時,都需要對彼此有預期,並根據預期情況決定行事方式,預期的變化直接導致其行為選擇變化。長期穩定的預期的重要性在於,它可以提高管理者和被管理者對未來行為判斷的準確性,從而可以保障雙方在做出行為選擇時多從長期的角度思考,減少各種短期行為。管理者根據被管理者以往的做事能力、特長及工作表現安排分工。對事業有更高追求的被管理者也期望管理者給自己安排更具有挑戰性的工作,從而可以不斷提升自身的能力。這需要雙方有長期穩定的預期,以保障工作有條不紊地開展,否則將會面臨雜亂無章且低效率的工作局面。

　　在預期的一致性方面,一致的預期可以減少溝通成本,提高組織

第二部分
管理管的是預期

機構的辦事效率。在各項工作的部署和推進中,管理者和被管理者會遇到各種各樣的事情需要相互溝通交流,在此過程中就會有各種交易成本付出,無論各項制度制訂得多麼細緻完善,也難以保障各種情況都預先被充分考慮到。也就是說,與現實情況相比,制度的制定和公布總是相對滯後的、不完善的。如果管理者和被管理者的預期不一致,將直接影響其處事方式,導致組織的凝聚力不強,力量不能有效集聚在一起,從而降低溝通的成效、增加溝通的次數、耗費更多組織機構內部的交易成本,甚至是影響組織目標的實現。如果雙方以共同的預期為基礎,對彼此的行為方式及接下來可能的行為選擇達成共識,從而可以集聚雙方的力量完成相應的工作任務。

為了真正形成一致的、穩定的預期,需要管理者和被管理者共同做出努力。對管理者而言,需要認真研究制定遊戲規則,充分體現並尊重被管理者的利益及其他合理訴求,並形成長期可持續的執行機制,讓被管理者做事有章可循,對未來的發展有所憧憬,在此過程中逐漸形成穩定的預期,進而探索其有效的處事方式。對被管理者而言,在長期穩定的預期影響下,其行為方式將會逐步形成並得以固化,穩定的預期將逐漸引導其向著組織機構所希望的方向發展。在管理者和被管理者之間,逐漸透過一致的、穩定的預期達成默契,並逐步提高強化,從而形成穩定的工作模式,以此減少溝通成本的投入,提高工作的效率。行為規則的主要作用在於穩定管理者與被管理者的預期,

統一組織機構內部的各項行為。為切實實現上述目標,一方面要保障規則的制定是合理的;另一方面要保障合理的規則公布後能夠長

人生就是一部經濟學
從你出生到結婚、從你生子到年老,經濟學無所不在!

期以相對低的成本有效執行。為切實保障規則制定的合理性,不僅在規則公布前要認真充分調研,規則公布後也要在必要時根據實際情況的變化做出微調。但是規則要保持連貫性,不能朝令夕改,否則就會干擾被管理者做出合理的預期,進而導致其做事時不知所措,目標感與獲得感不強。這樣做是因為個人和群體的預期具有連貫的特點,且預期形成後雖然可以根據實際情況變化做出適應性調整,但一般不會發生大的改變,管理者必須在政策制定之後不折不扣地執行,為被管理者做出預期提供參考。為保障規則的有效執行,不僅需要管理者提高管理的效率,增強執行力,切實做到言必行、行必果,更要在執行規則方面率先垂範,維護規則的權威,以此影響被管理者的預期,讓其對各項規則存在敬畏。

總之,管理者和被管理者要充分認識到,預期對行為選擇具有決定性的影響作用,在日常工作決策中要充分考慮預期這一因素,盡量使雙方形成穩定的、一致的預期,並對未來有較好的期望,以提高管理的效率與組織機構的執行力。

第二部分
從邊際效用遞減看賞罰效果

從邊際效用遞減看賞罰效果

獎勵的目的無非是鼓勵大家再接再厲,以取得更大的成績。而懲罰的目的也不外乎警告其要引以為戒,下不為例。無論獎勵還是懲罰都不是目的,而只是手段。遵循經濟學邊際效用遞減規律的分析思路,懲罰在改進人們的行為方面要比獎勵的效果好。

儘管諸君常常告誡自己不以物喜、不以己悲,但每一個人得到獎勵時心中總會有一絲快意,而面臨懲罰時多少會有點痛楚。獎勵的目的無非是鼓勵大家再接再厲,以取得更大的成績。而懲罰的目的也不外乎警告其要引以為戒,下不為例。無論獎勵還是懲罰都不是目的,而只是手段,其根本目的是弘揚社會正氣,促進社會和諧。或許有人會問,既然獎勵和懲罰都是手段,那麼哪種手段的效果會更好一些呢?恐怕二者一時難分高下,或許很多人會回答獎勵的效果更好一些,因為現在很多人都認為獎勵的作用是巨大的。

我們不否認這種想法的合理性,更不去妄議按照這種想法而採取的相應的舉措。在此,我們只是想根據經濟學的邊際效用遞減規律明確地指出,遵循其分析思路,懲罰在改進人們的行為方面要比獎勵的

人生就是一部經濟學
從你出生到結婚、從你生子到年老，經濟學無所不在！

效果好。所謂邊際效用遞減規律是指消費者在消費某一商品時，隨著對該商品消費量的增加，新增一單位商品消費所能夠額外帶來的效用逐漸降低，也即邊際效用將會逐漸降低。經濟學家贊同邊際效用遞減規律是普遍存在的，對任何商品的消費都會出現邊際效用遞減的情況。如果把獎勵和懲罰都當作一種商品，把人們受到獎勵或者懲罰當作消費者消費兩種不同的商品，那麼獎勵和懲罰作為商品被人們消費時，同樣難以規避邊際效用遞減的「宿命」。也就是說，隨著人們得到的獎勵或者懲罰的數量的增加，獎勵或者懲罰能夠給人們帶來的邊際效用將會遞減，如果以此為手段來對人們進行激勵其效果也會隨之下降。因為獎勵給人們帶來的效用一般為正，其效用遞減表現為單位獎勵的效用水準絕對減少；而懲罰給人們帶來的效用為負，其效用遞減表現為單位懲罰的效用水準的絕對值降低。

　　至此，我們並不能說明懲罰的效果要比獎勵好。這是因為，我們只是就獎勵或者懲罰本身進行了分析，而沒有分析與獎勵或者懲罰相生相伴的東西。一般來說，獎勵或者懲罰行為的發生除了獎勵或者懲罰本身之外，總會連帶物質的東西，比如金錢等。如果伴隨著獎勵或者懲罰的出現而有相應的物質激勵或懲罰，比如發放或者沒收貨幣等，情況就會有所不同。經濟學中同樣把貨幣當作一種商品，只不過與其他商品比起來這種商品比較特殊，貨幣可以作為交換的媒介。既然貨幣是商品，就可以用來消費，消費貨幣也難免會出現邊際效用遞減。這一點也為著名的福利經濟學家阿瑟·庇古（Arthur Cecil Pigou）所認同，他認為邊際效用遞減規律不但適用於商品的邊際效用，而且也

第二部分
從邊際效用遞減看賞罰效果

適用於貨幣的邊際效用。貨幣的邊際效用可以因一個人的貨幣收入的增加而減少,也可以因商品價格下跌,實際收入增加而減少。在對私人以發放獎金的形式進行獎勵時,隨著獎金的發放,個人的貨幣收入將會逐漸增加,由此造成單位貨幣對個人所帶來的邊際效用滿足也會逐漸下降。而對私人以沒收財產的方式懲罰時,隨著財產沒收額的逐漸增大,個人所能夠擁有的貨幣會逐漸減少,手頭剩餘的單位貨幣對個人所能夠帶來的效用滿足就會越來越大。這一說法也早已為福利經濟學家所論證,他們認為單位貨幣給富人帶來的效用滿足遠遠小於窮人。

獎勵行為本身具有效用遞減的特徵,並且伴隨著獎勵而出現的物質激勵也有邊際效用遞減的特徵。那麼由此一來,隨著獎勵行為供給的增加,接受獎勵的個人消費獎勵的邊際效用會一直下降,最終能夠給人們所帶來的邊際效用滿足就會越來越小。儘管邊際效用遞減的同時人們的效用總水準會增加,但邊際獎勵的效用是如此之小以至於人們會越來越不重視獎勵,他們不會為了增加自己的效用滿足而努力去贏得各種額外的獎勵。而懲罰就不一樣了,雖然懲罰本身的邊際效用也是遞減的,但是伴隨著懲罰的逐步推進,人們因為遭受懲罰而被沒收的財產會逐漸增加。此時受罰的個人的貨幣收入在減少,如果減少的規模足夠大,則單位貨幣在財產大幅度減少之後所能夠給個人帶來的效用滿足就會逐步增大。失去單位貨幣的效用損失也就會越來越大,一旦因損失貨幣而帶來的效用損失增加幅度超過了懲罰的邊際效用遞減幅度時,隨著懲罰的增加,受罰人的效用滿足總水準將會大幅度減

人生就是一部經濟學
從你出生到結婚、從你生子到年老，經濟學無所不在！

少。此時，受罰人就不得不正視自己的行為，盡量少做或者不做將會遭到懲罰的經濟行為了。

　　這當然並不是非議人們採取各種獎勵措施，倡導社會要少獎多罰。這是因為，整個社會好人的數量要遠遠大於壞人的數量，他們為生活於其中的社會做出了貢獻，大家都是向善而不是向惡，多採取獎勵措施是一件有益的事情。畢竟，儘管隨著獎勵的增加其邊際效用遞減，但是受獎人的效用總水準還是在增加的。「送人玫瑰，手留餘香」之事值得我們每一個人去做。此處我們只是運用經濟學的邊際效用遞減規律，把獎罰行為作為經濟行為對其效果進行一個粗淺的分析。從而論證在懲處十惡不赦之人時，為了達到懲處的預期目的，真正地懲前毖後、治病救人，維護社會的安定團結，就需要加大懲罰的力度，切忌心慈手軟。只有這樣，作為實現目的的手段──懲罰的效果才會更好。

第二部分
制度激勵與行為選擇

制度激勵與行為選擇

行為選擇不同的背後是制度激勵的差異,規範人們的行為從而達到某種預期的結果,就必須要有相應的制度設計,以激勵人們做出不同的行為選擇。制度設計的執行成本要比較低,能夠發出明確的信號,並隨著實際情況的變化而不斷優化完善。

同一學校不同餐廳的行為選擇

某大學教學區有四個主要的學生餐廳,就學餐的綜合條件方面看,除了各個學餐所處的地理位置不同之外,它們之間並沒有實質性的差異。並且,四個學餐的餐具都是由學餐提供,消毒洗刷工作由專人完成。可令人不解的是在不同的學餐,學生就餐時的行為表現卻相去甚遠。例如,在 M 學餐、G 學餐,幾乎每一位同學就餐結束後都會主動把餐具帶至學餐門口的餐具回收處。儘管在學生就餐比較集中的時間段,有很多學生在 M 學餐、G 學餐就餐,但是一波又一波的學生就餐結束後,餐桌上面一般都是比較乾淨的。

然而,到 F 學餐、H 學餐兩個學餐就餐的同學,其行為就與 M

人生就是一部經濟學
從你出生到結婚、從你生子到年老,經濟學無所不在!

學餐、G 學餐有點不同了。他們就餐結束後都不約而同地選擇把餐具丟在餐桌上揚長而去。也正是如此,每到學生就餐比較集中的時間段,儘管有服務人員在緊張地忙於餐具回收,但是 F 學餐、H 學餐的餐桌上面仍然是一片狼藉,大量用過的餐具橫七豎八地放在那裡顯得特別亂。這種情況並不是偶然現象,而是長期如此。為什麼在同一個學校的不同學餐,同學們的行為會有如此大的差異?

行為背後的原因解釋

對於上述現象,也許有人會說,在不同學餐就餐的同學的總體素質不同,這最終導致了他們的行為表現會有差異。這種說法是否可信呢?在我們看來,其說法並不具有解釋力。原因在於,首先,在不同學餐就餐的同學同是某大學的學生,個體之間會有一些差異。但就他們的綜合素質而言,飯後主動收拾一下餐具這種事情,對他們而言不會存在任何問題。其次,如果說真的是個人素質問題,那麼就現實情況而言,研究生和博士生大部分住在 F 和 H 兩個宿舍區。他們更多的是選擇到 F 學餐和 H 學餐就餐,因為上述兩個學餐距離 F 研究生宿舍較近。這樣不難發現,一般情況下,在 F 學餐、H 學餐就餐的同學的總體素質應該高於在 M 學餐、G 學餐就餐的同學。當然這樣說並不是就認為,所有的研究生都比大學生的素質高,而是以學歷作為一個參照標準來粗略地判斷,從而得出的一個不嚴密的說法。

為什麼總體素質較高的群體卻不在飯後主動收拾餐具?難道是高素質的同學不屑於做這些事情?回答是否定的。因為 M 學餐、G 學餐

第二部分
制度激勵與行為選擇

兩個學餐在餐具回收方面的制度設計與 F 學餐、H 學餐有所不同。在 M 學餐、G 學餐，學餐門口設有固定的餐具回收處，服務人員在那裡等候同學們在就餐結束時自行將餐具回收。這種餐具回收的制度設計方式給同學們發出了這樣一個信號，即同學就餐結束時是要把餐具帶到餐具回收處的。所以大家在就餐結束時就主動把餐具帶到餐具回收處，儘管有很多同學就餐，但是餐桌上一直是比較乾淨的。而 F 學餐、H 學餐就不同了，這兩個學餐的服務人員實行循環流動的方式來回收餐具。他們推著餐具回收車在學餐的過道內循環流動，透過這種方式達到及時回收餐具的目的。這種餐具回收的制度設計方式給同學們發出的信號是，有專門的餐具回收人員，就餐結束後大家不必自行回收餐具。至此不難發現，是制度設計的不同導致了制度激勵效果存在差異，最終的結果是同學們的行為選擇迥異。

最後的啟示

雖然只是不同學餐同學們就餐行為出現一定的差異，問題無足輕重，但透過上文的分析，其背後的原因卻是制度激勵方面有所不同。因此，這一事件對我們有著很強的啟示意義：

首先，如果想規範人們的行為從而達到某種預期的結果，就必須要有相應的制度設計，以激勵人們做出不同的行為選擇。在制度經濟學家看來，制度的作用無非是為了規範人們的行為選擇，而具體如何規範就要看制度如何設計了。比如，M 學餐、G 學餐想在同學們就餐結束後，由同學們來主動回收餐具，他們就在學餐門口設置專門的餐

人生就是一部經濟學
從你出生到結婚、從你生子到年老，經濟學無所不在！

具回收點，從而達到了預期的結果。

其次，制度的設計要能夠便於有效執行。遵循制度是要支付成本的，便於有效執行的制度的特徵之一就是在遵守制度時所必須支付的成本要盡可能地小。M 學餐、G 學餐設置固定的餐具回收處，之所以能夠起到讓同學們主動回收餐具的作用，一個重要的原因是，他們把餐具回收點設在學餐門口，這樣方便同學們主動回收餐具。因為他們只需要在就餐結束離開學餐時順便把餐具帶到回收點，降低了他們遵守餐具回收制度所支付的成本。

再次，制度設計要能夠發出明確的激勵信號。制度必須能夠發出信號來告訴人們如何做出行為選擇，只有這樣才能保障制度的有效實施，進而達到預期效果。對 F 學餐、H 學餐而言，他們並不是鼓勵同學們就餐之後揚長而去，其實也希望同學們能夠在就餐後主動把餐具加以回收。但是這兩個學餐採用餐具回收車流動作業的方式，制度設計所發出的激勵信號與其預期效果之間存在偏差，最終的結果是同學們就餐之後忽視了主動回收餐具的問題。

最後，透過合理的制度變遷可以使制度更好地發揮作用，從而改變人們的行為選擇。制度並不是一成不變的，為了起到良好的效果，有必要根據實際需要不斷進行相應的、合理的變遷。對 F 學餐、H 學餐而言，如果想要實現由同學主動回收餐具這一目標，只需在相關制度方面進行相應的改變。比如，讓流動餐具回收車停止流動，設置固定的餐具回收點，由此一來，相信學餐就餐時的情況會發生相應的改變。

第二部分
外部成本同樣造成了制度失靈

外部成本同樣造成了制度失靈

不論制度的制定是為了增加正外部成本經濟行為的供給，還是為了減少負外部成本經濟行為的供給，經濟行為的外部成本特徵都決定了制度的約束效果不佳。如果我們把制度不能很好的約束經濟主體的行為，或者制度制定並付諸實施後沒有實現其既定的目標稱之為制度失靈，則外部成本的存在會造成制度失靈。

從經濟學的角度看，制度產生於經濟主體的交換行為，它是用來約束各類經濟主體經濟行為的一系列規則。也就是說，制度主要是用來規範經濟主體各種經濟行為的。之所以如此，是因為每一個經濟主體都處在現實社會中，分工的出現使他們不得不與其他經濟主體發生各種交易行為，為了遏制經濟主體的機會主義傾向需要制定制度加以約束。即使不考慮機會主義傾向，單個經濟主體的經濟行為仍然會對其他經濟主體產生或多或少、或好或壞的影響。不論單個經濟主體給其他經濟主體帶來的影響是好是壞、是大是小，倘若這一經濟行為並沒有在市場價格中予以體現，則這種經濟行為就具備了經濟學所謂的外部成本。倘若從這一角度分析制度問題，那麼我們有理由認為，制

人生就是一部經濟學
從你出生到結婚、從你生子到年老，經濟學無所不在！

度的出現正是為了校正因為外部成本所造成的各種經濟行為供求的扭曲。順著這一思路分析可以發現，制度的約束效果總是不太盡人意，其根源也正是外部成本對經濟主體的供求行為造成了影響。

一般可以將外部成本分為正外部成本和負外部成本兩種類型。正外部成本是指某個經濟主體的經濟行為給其他經濟主體帶來額外的收益，但是受益的主體並沒有因此而支付成本。由此導致私人支付了正外部成本經濟行為的成本，而收益並沒有完全由個人獲取，其理性的反應是減少正外部成本經濟行為的供給。從整個社會的角度看，對正外部成本經濟行為的需求較大，私人對正外部成本經濟行為的供給小於社會對這種經濟行為的需求，供不應求的狀況最終導致經濟的無效率。負外部成本是指某個經濟主體的經濟行為給其他經濟主體帶來損害，但是受影響的經濟主體也沒有因此得到補償。由於負外部成本經濟行為相當於個人獲得了全部的收益，而部分成本則由其他人或者社會承擔，私人支付的成本小於社會支付的成本。私人會有過度供給負外部成本經濟行為的激勵，最終導致與社會對負外部成本經濟行為的需求相比，私人對負外部成本經濟行為的供給過度。私人對負外部成本經濟行為的供給總和大於社會對這種行為的需求，同樣導致經濟無效率。總之，不論是正外部成本還是負外部成本，都會或多或少的導致經濟無效率。

由此一來，就需要制度來規範人們的各種行為，校正外部成本對經濟行為供求的扭曲。根據對外部成本的分類，可將制度分為兩種類型，即減少負外部成本經濟行為供給的制度和增加正外部成本經濟行

第二部分
外部成本同樣造成了制度失靈

為供給的制度。如果制度的制定及其推行目的是為了規制各種不道德行為，保障整個社會或者是大多數人的正當合法利益，也就是說，制度制定的目的是為了盡量減少各種負外部成本經濟行為的出現，那麼這種制度就可以稱之為減少負外部成本經濟行為供給的制度。具有這一特徵的制度制定並加以實施之後，人們都完全按照制度的要求行事，則從制度實施效果看是最優的結果。然而，由於這種制度所要規制的經濟行為本身具有負外部成本，經濟主體便有了增加其供給的激勵。受到利益驅使總會有人有激勵去違反制度規定，做一些制度所不允許做的事，導致制度約束果不佳。更有甚者，一些經濟主體對各種制度視而不見，不惜為了一己之利而明知故犯，制度完全成了一紙空文。因此，為了有效實施制度就需要各種強制措施，甚至不得不嚴厲懲罰違反制度規定的各種行為。即便如此，各種違反制度規定的行為仍時有發生，也就是在一定程度上制度並沒有達到有效約束人們行為的目標，也沒有實現保護整個社會或者大多數人正當利益的目的，其約束效果並不好。

可見，減少負外部成本經濟行為供給的制度的約束效果並不佳，那麼增加正外部成本經濟行為供給的制度的約束效果是不是就好呢？答案同樣是否定的。增加正外部成本經濟行為供給的制度就是那些為了增進社會的公平公正，促進社會的和諧，要求一些群體採取措施為整個社會或者某些群體帶來實實在在好處的制度，也就是要求人們多做一些具有正外部成本經濟行為的制度，此時人們不按制度行事並不會給他人帶來直接的危害。這樣一來，遵守增加正外部成本經濟行為

人生就是一部經濟學
從你出生到結婚、從你生子到年老,經濟學無所不在!

供給的制度,就意味著要採用具有正外部成本的經濟行為。按照經濟學對外部成本的分析思路,單個經濟主體並不能夠完全獲取正外部成本經濟行為的利益,卻要承擔正外部成本經濟行為的所有成本。即使此時政府等相關部門為了增進正外部成本經濟行為的供給,對正外部成本經濟行為的供給者提供各種獎勵,以部分或全部彌補其成本,但是仍然不能有效激勵經濟主體提供各種具有正外部成本的經濟行為。最終造成經濟主體遵守制度的行為供給勢必低於社會的需求,制度設計時所預期的增加正外部成本經濟行為供給的目標不能夠有效實現,進而誘發制度約束效果不佳。如果政府此時自己完全承擔供給正外部成本經濟行為的責任,此舉即不太現實也對提高制度約束效果於事無補。

顯然,制度約束效果好的一個重要標誌是,違反制度規定的行為很少出現或者完全不出現。換言之,制度實施效果好就意味著,相對於社會對違反制度行為的需求,經濟主體對違反制度的行為供給較少。相比之下,減少負外部成本經濟行為供給的制度只是要求經濟主體所要採取的經濟行為不要危及其他經濟主體的利益,這是一個比較低的要求;增加正外部成本經濟行為供給的制度不僅要求經濟主體的經濟行為不危及其他經濟主體的利益,而且要增加其他經濟主體的利益,增進其他經濟主體的福利水準,這是一個比較高的要求。從這一角度看,增加正外部成本經濟行為供給的制度的約束效果要比減少負外部成本經濟行為供給的制度的約束效果差一些,或者說與後者比起來前者的目標會更難以實現。從已有的分析可以看出,不論制度的制定是

第二部分
外部成本同樣造成了制度失靈

為了增加正外部成本經濟行為的供給,還是為了減少負外部成本經濟行為的供給,經濟行為的外部成本特徵都決定了制度的約束效果不佳。經濟學的有關理論告訴我們,外部成本的存在造成了市場無法有效率地分配商品和勞務,經濟學家將這一現象稱之為市場失靈。如果我們把制度不能很好的約束經濟主體的行為,或者制度制定並付諸實施後沒有實現其既定的目標稱之為制度失靈,則上文的分析給我們的啟示是,外部成本的存在會造成制度失靈。因為外部成本造成市場失靈已經為經濟學家所分析,所以這篇文章就以「外部成本同樣造成了制度失靈」為題。

人生就是一部經濟學
從你出生到結婚、從你生子到年老,經濟學無所不在!

外部成本與制度實施效果的悖論

制度實施效果好就意味著相對於社會對違反制度行為的需求,私人對違反制度的行為供給較少。從外部成本的角度看,如果想達到制度實施效果較好這一目標,一個必然的要求是透過恰當的制度設計使違反制度的行為具有正外部成本。

外部成本及其對供求的影響

外部成本是經濟學研究的一個重要領域,是指某個經濟主體的經濟行為對其他經濟主體帶來或好或壞的影響,但是這種影響並沒有在市場價格中得以體現。一般可以將外部成本分為正外部成本和負外部成本兩種類型。正外部成本是指某個經濟主體的經濟行為給其他經濟主體帶來額外的收益,但是受益的主體並沒有因此而支付成本。由此導致私人支付了正外部成本經濟行為的成本,而收益並沒有完全由個人獲取,其理性的反應是減少正外部成本經濟行為的供給。私人對正外部成本經濟行為的供給小於社會供給,而從整個社會的角度看,對正外部成本經濟行為的需求較大,供不應求的狀況最終導致經濟的無

第二部分
外部成本與制度實施效果的悖論

效率。負外部成本是指某個經濟主體的經濟行為給其他經濟主體帶來損害，但是受影響的經濟主體也沒有為此而得到補償。由於負外部成本經濟行為相當於個人獲得了全部的收益，而部分成本則由其他人或者社會承擔，私人支付的成本小於社會支付的成本。私人會有過度供給負外部成本經濟行為的激勵，最終導致與社會對負外部成本經濟行為的需求相比，私人對負外部成本經濟行為的供給過度。私人對負外部成本經濟行為的供給大於社會對負外部成本經濟行為的供給，並且大於社會對這種行為的需求，同樣導致經濟的無效率。

制度的實施效果

按照制度經濟學的說法，制度是用來約束人們各種行為的一系列規則，這些規則與社會、政治和經濟活動有關，支配和約束社會各階層的行為。也就是說，制度主要是用來規範人們的各種行為的。制度有正式制度和非正式制度之分，正式制度是指各種成文的規章條例，最主要的是法律。非正式制度是指人們長期生活中形成的各種風俗習慣，這裡主要討論正式制度。從實施效果的角度看，如果制度制定並加以實施之後，人們都完全按照制度的要求行事，則是最優的結果。然而，現實情況是總會有人有激勵去違反制度規定，做一些制度所不允許做的事，導致制度實施效果不佳。更有甚者，人們對各種制度視而不見，制度完全成了一紙空文，因此為了有效實施制度就需要各種強制措施，甚至不得不對違反制度的各種行為予以嚴厲的懲罰。即便如此，各種違反制度的行為仍時有發生，也就是在很大程度上制度並

人生就是一部經濟學
從你出生到結婚、從你生子到年老，經濟學無所不在！

沒有達到有效約束人們行為的目的，其實施效果並不好。

外部成本與制度實施效果

顯然，人們制定各種制度目的是規範人們的行為，維護社會的公平公正，保護個人的合法權益不受侵害。制度實施效果好的一個重要標誌是，違反制度規定的行為很少出現或者完全不出現。換言之，制度實施效果好就意味著相對於社會對違反制度行為的需求，私人對違反制度的行為供給較少。從外部成本的角度看，如果想達到制度實施效果較好這一目標，一個必然的要求是透過恰當的制度設計使違反制度的行為具有正外部成本。只有這樣才能使私人對違反制度的行為供給小於社會最優水準，並且小於社會對這種行為的需求。但隨之而來的一個問題是，如果透過恰當的制度設計使違反制度的行為具有正外部成本，則遵守制度的行為將具備負外部成本，這樣一來制度存在的目的也就變成了保護各種負外部成本行為。雖然實施效果好了，但是制度的作用也嚴重變質了，這樣的制度存在還有什麼意義呢？現實情況是，各種違反制度的行為，對整個社會或者是對其他經濟主體來說，都具有負外部成本。按照經濟學對外部成本的分析思路，私人違反制度的行為勢必超過社會的需求，導致違反制度的行為有過度供給，進而誘發制度實施效果不佳。雖然如此，但制度保護了具有正外部成本的經濟行為，其存在也有著重要的意義。可見，外部成本與制度實施效果之間存在悖論。

第二部分
為什麼存在「路」與「路障」

為什麼存在「路」與「路障」

人們願意走「路」是因為走「路」的成本較低，淨收益較高，加上走「路」的行為具有負外部成本，從而導致「路」常見。設置「路障」是要支付成本的，並且是沉沒成本，設置「路障」的行為具有正外部成本，導致「路障」不常見，而一旦「路障」設置就會存在較長時間。

在這裡，「路」特指本來沒有用作路的土地在人走得多了之後，慢慢地變成了「路」。例如公園、學校、公共娛樂場所等專門設置的綠地，本來是供居民的觀賞之用。然而，很多人出於便捷，以「抄近道」的方式在草地上走來走去，綠地慢慢退去儼然成了「路」。而「路障」則是特指了保護這些專門設置的綠地等，用來阻止人們在類似這樣的「路」上行走而設置的「障礙」。例如設置些繩子、寫警示牌等勸誡人們不要踐踏綠地。

在日常生活中，這樣「路」經常存在，一旦某塊草坪上有新的「路」出現，人們總是會順理成章地沿著「路」走，而正式的路則很少有人去走。同時，「路障」並不是每一個人都願意設置，但「路障」一旦被設置之後，卻很少有人會主動將其移除，「路障」隨之也會長期存

人生就是一部經濟學
從你出生到結婚、從你生子到年老,經濟學無所不在!

在。「路」和「路障」緣何普遍長期存在?我嘗試著從經濟學的視角給出一個簡單的解釋。

第二部分
「路」與「路障」存在的成本─收益視角

「路」與「路障」存在的成本─收益視角

　　透過對「路」進行仔細地觀察將不難發現，與正式的路比起來，走「路」而不走正式的路距離通常會更近一些。一個常識性的問題是，走路是要支付成本的，走路走得越遠，個人支付的成本就越高。人們願意走「路」，是因為這樣他們可以節約走路時所支付的成本。如果把順利抵達目的地作為收益，走「路」與走路都能到達目的地，也就是獲取相同的收益。若不考慮其他情況，由於走「路」的成本比走路的成本低，由此導致走「路」的淨收益會更高。對此，個人出於節約成本的考慮將會選擇走「路」而不走路。在第一個人從草坪上走之後，很快就會有第二個人追隨，慢慢地草地上就有「路」出現。此時，人們路經草地時就會「自然而然」地選擇走「路」。長此以往，「路」也就得以長期存在，也就是「世界上本沒有路，走的人多了，也就有了路」。

　　一旦「路」出現之後，就要設置「路障」等以保護草坪。然而，設置「路障」是要支付成本的，該成本是不可收回或者不能有效收回的，也就是說設置「路障」的成本在很大程度上是沉沒成本。只要設置「路障」的成本不低於走「路」所節約的成本，即走路的成本減去走「路」的成本，個人就不會主動設置「路障」。這樣一來，如果沒

人生就是一部經濟學
從你出生到結婚、從你生子到年老，經濟學無所不在！

有專門的管理機構，個人很少會主動設置「路障」。而「路障」一旦設置之後，卻沒有哪一個人或者很少有人會主動將其拆除。其原因也正是，為了走「路」而拆除「路障」是要支付成本的，只要拆除「路障」成本不低於走路所「額外增加」的成本，個人就沒有激勵去拆除「路障」。相對於走路支付的高成本而言，拆除「路障」的成本常常顯得更加高昂，因此「路障」也會長期存在。

「路」與「路障」存在的外部成本視角

從外部成本的角度看，走「路」破壞了草坪，進而給人們的生活帶來不好的影響。但是一般情況下人們不會因走「路」對草坪有破壞作用而支付成本，這樣一來，走「路」行為具有負外部成本。按照經濟學的邏輯，經濟行為存在負外部成本時，私人獲取了這種經濟行為的全部收益，而其部分成本則由社會或者他人分擔，私人視角的最優供給會大於社會視角的最優供給。雖然選擇走「路」破壞了草地，但由此引發的草坪破壞的後果並沒有完全由私人承擔，私人卻完全獲取了走「路」節約成本的收益，因而私人會經常走「路」，「路」的供給會相對較多，「路」也就很常見了。

而具體到「路障」上，設置「路障」可以保護草坪，這種行為具有正外部成本。依據經濟學的分析，經濟行為存在正外部成本時，私人要為這種經濟行為支付幾乎全部的成本，而收益則會被社會或者他人分享，私人視角的最優供給會小於社會視角的最優供給。私人是不會主動設置「路障」以阻止人們走「路」行為的，也即「路」出現後「路

第二部分
「路」與「路障」存在的成本 —收益視角

障」是不會有足夠的供給的。如果「路障」由公共管理部門成功設置，私人拆除「路障」會給他人帶來額外的收益，但是沒有人會為之對拆除「路障」的人進行補貼。若不考慮拆除「路障」，縱容人們走「路」對草地的破壞作用，而僅從拆除「路障」導致其他人為走「路」支付了較少的成本這一角度考慮，拆除「路障」是一種具有正外部成本的行為。為防止他人「搭便車」，拆除「路障」的供給同樣會相對較少，因此「路障」設置後就能得以長存。

人生就是一部經濟學
從你出生到結婚、從你生子到年老,經濟學無所不在!

資源配置與歷史悲劇

> 經濟學假定資源是稀缺的。錯誤地配置稀缺資源之後,不僅會造成資源的浪費,更有甚者可能會導致歷史悲劇。為了優化資源配置,減少資源錯配和悲劇事件發生,就要明確不同的資源之間存在差異,也要發揮好制度的約束作用。

經濟學假定資源是稀缺的。雖然這只是經濟學理論做分析的一個基礎假定,然而,無論是相對於人的無限慾望還是資源的現實狀況而言,資源都是稀缺的。也正是基於此,有觀點認為經濟學就是研究資源配置的一門學科。經濟學分析的主要目的是實現資源的優化配置,透過持續不斷的帕累托改進,逐步實現人類效用水準的最大化。錯誤地配置稀缺資源之後,不僅會造成資源的浪費,更有甚者可能會導致歷史悲劇。

宋徽宗趙佶是宋哲宗趙煦的弟弟,因宋哲宗趙煦無子嗣,駕崩後只能在其弟弟中挑選繼承人。趙佶聰明伶俐,對祖母也極為恭敬,每天起居問安,深得太后喜歡,於是被選為繼承人。趙佶當了25年皇帝,於國家無太大建樹,但卻在書法、繪畫、收藏方面頗有造詣。特別是在書法方面,趙佶獨創一體——瘦金體,對宋代及後世書法字體影響

第二部分
資源配置與歷史悲劇

極大。當時用於印刷的宋體和後來的仿宋體都源於瘦金體。但這樣一位天資聰穎、才華橫溢的人卻成了亡國之君,不僅被金兵擄掠受盡凌辱,客死他鄉,還遭到後人的詬罵。

仔細研究宋徽宗趙佶的悲劇不難發現,他本人並無意爭當皇帝,只是討當時的太后喜歡,而當時糟糕的國家領導人選拔制度使他成為皇帝。倘若不是皇帝的身分並因此而亡國,趙佶說不定可以在書法、繪畫、收藏方面成為一代宗師而流芳百世。然而,歷史不容假設,也不容改變。趙佶之所以沒有成為書法家且被後人詬罵,最根本的原因在於資源的錯配,他自身的興趣愛好及資源稟賦決定了他並不適合當皇帝。

經濟學研究稀缺資源配置,人才資源稀缺也是不爭的事實。從人才資源配置的角度看,這種配置最根本的目標就是努力實現人盡其才。如果能夠做到人盡其才,就可以達到社會資源配置的最優,也可以使整個社會的福利達到最大化。趙佶之類的悲劇也將不會發生或者少發生。趙佶當皇帝的年代是1100—1126年,那時經濟學作為一門科學尚未誕生,其悲劇的出現似乎可以從經濟學理論尚未出現,人類也沒有過多關注資源配置問題的角度來加以解釋。但如果按照這種分析思路,則1776年經濟學誕生後由資源錯配導致的歷史悲劇就不應該再發生,因為經濟學理論已經出現了,並且該學科就是研究解釋資源的最優配置問題。

然而,現實情況是由資源錯配導致的悲劇事件一再上演。大的方面姑且不論,僅就子女教育問題而言,家長往往從自己的想法出發,

人生就是一部經濟學
從你出生到結婚、從你生子到年老，經濟學無所不在！

按照自己的意願對孩子未來發展做出各種規劃，為孩子設計好成長成才之路，而完全不考慮或較少考慮孩子的個性及特長。這一教育方式不僅不利於培養出富有創造力的創新人才，而且嚴重阻礙了孩子的個性化發展。如果這只是個體方面的問題，其影響相對有限，那麼在整體方面如果教育體制不完善，人才選拔機制存在明顯缺陷等，對人才資源的錯配所發揮的負面作用無疑會更大。

所有這些都需要盡快實現資源的優化配置，為了實現這一目標，首先要認識到不同的資源之間存在差異，這是客觀事實。我們必須正面這一事實，依據資源的優勢及特點進行相應的配置，切不可採用粗暴的方式或者僅按照自己的主觀臆斷來隨意配置。其次要對各類經濟主體的主觀意願進行合理的引導，以此建立經濟主體內在的自我約束機制，努力實現資源的優化配置。不過，經濟主體的機會主義傾向難以有效規避，透過自我約束實現資源的優化配置往往難以奏效。再次要有完善的制度，透過外部制度約束保證資源的有效配置。如建立更加科學合理的人才選拔機制，對重大項目的資源投入論證研究要進一步加強等，減少資源錯配現象。然而，這一點一般難以實現或者難以有效實現，其原因主要是制度的不完善性和制度建設的滯後性。就現實情況而言，制度達到最優水準也只能是一種美好的願望，次優也是一種常態，也正是如此，資源沒有達到優化配置，各類社會悲劇也隨之不斷出現。

第二部分
是誰造成了貧富兩極分化

是誰造成了貧富兩極分化

　　伴隨著人口的增長，人們的各種需求不斷地增加，透過技術進步、資源稀缺、競爭加劇以及社會分工四種途徑傳導，最終導致人與人之間所掌握的財富數量出現巨大的差異，人與人之間的經濟狀況越發不平均。

　　近年來，有關社會貧富懸殊的報導屢現於新聞媒體，貧富差距在逐步加大。值得深思的是，貧富懸殊問題並非個別現象，而是一個全球性的問題。世界各國無論所處的地理位置，無論實行的社會制度，也無論發展水準的高低，都存在較大的貧富差距且愈演愈烈。從收入、財富佔有、消費等方面看都是如此。根據布蘭科·米蘭諾維奇（Branko Milanovic）的著作《全球不平等：全球化時代的一種新方法》，從收入看，全球收入最高的前 1% 人群大約獲得了全球 29% 的收入，富人和窮人之間的收入增長幅度差距在加大，富人和中產階級的收入增長更快；從財富佔有看，全球收入最高的前 1% 人群大約獲得了全球 46% 的財富，2017 年全球產生的財富中約有 82% 集中在最富有的 1% 人群，其中前 42 位最富有的人，其財富與全球最窮的 37 億人一樣多，財富佔有的不平等程度總是並且遠高於收入的不平等程度；從消費看，

人生就是一部經濟學
從你出生到結婚、從你生子到年老，經濟學無所不在！

聯合國開發計劃署（UNDP）認為，占全球總人口 10% 的最貧困人口所占的消費份額只有 4.7%，而占全球總人口 10% 的最富裕人口所占的消費份額卻高達 40%。

為什麼經濟社會越發展，貧富兩極分化現象越嚴重？要準確回答這一問題，我認為可以從人口增長的角度加以分析。人口增長與收入差距縮小到底是一種什麼關係？我認為人口越增長，人們的各種需求就會不斷增加並透過技術進步、資源稀缺、競爭加劇以及社會分工四種途徑傳導，最終導致人與人之間所掌握的財富數量出現巨大的差異，人與人之間的經濟狀況越發不平均。也就是說，隨著人口的不斷增長，人與人之間逐步開始有了收入的差距，並隨著人口的增長而逐步擴大，於是出現了上述報導中所描述的現象。

第一，技術進步。經濟學的基本假定之一是人的慾望是無限的。人口的不斷增加將會使各種需求不斷增加，這其中包括新增人口新增加的需求，以及原有人口產生的新的需求。特別是，人與人之間是有差異的，人口的增加將更有可能導致新型需求的出現。為滿足人們的需求將不得不進行一些科學研究與技術開發，產生並應用新的技術。同時，人口的增加將會導致天才出現的總數增加，也有助於新技術的出現。然而，人與人之間是有差異的，在新技術不斷出現的情況下，能夠採用新技術的人會處於一種優勢地位，同樣的勞動會得到更多的回報，從而使得這部分人逐漸擁有了較多的財富。而沒有能力採用新技術或者有能力但沒能夠成功應用新技術那部分人的勞動回報率較低，其所能夠擁有的財富慢慢地變得相對較少。

第二部分
是誰造成了貧富兩極分化

第二,資源稀缺。經濟發展需要資源作為支撐,而能夠被人們開發利用的自然資源是十分有限的。隨著人口的不斷增長,自然資源相對於人們的需求顯得更加稀缺,開發利用自然資源的代價也會相應增加。在原始社會,自然資源開採程度較小或者根本沒有被開發,開採自然資源所必須支付的成本和勞動也較少。隨著資源不斷被開採,開採新資源的邊際成本和邊際勞務支出也在不斷增加。在這一過程中,很可能會出現部分人因為支付不起成本而被迫放棄對自然資源的開發。同時,一個不容忽視的事實是,人們的勞動能力是有差異的,勞動能力較強的人可以透過其勞動獲得更多的自然資源開採使用權,而勞動能力較弱的人則只能獲得較少的自然資源開採使用權。兩者共同作用的結果將有可能導致資源向小部分人手中聚集。按照經濟學的觀點,自然資源是人們開展經濟活動的必備條件之一,所以擁有的自然資源的多少,就可以在一定程度上決定人們經濟地位的差異。而人與人之間自然資源擁有或者開採量出現差異的始作俑者,就是人口數量的增加而引發的需求增加。

第三,競爭增強。隨著人口數量的增加,自然資源顯得更加稀缺,想生存下來或者是更好地生存下來就會變得更難,人們為了生存而進行的競爭將會變得越來越激烈。一個不爭的事實是,人與人之間是有差異的,一旦競爭出現並且加劇,優勝劣汰的規則就開始發揮作用,能夠適應這種競爭環境的人可以充分發揮自身的特長,處於一種競爭的優勢地位,而不適應環境或者是不能很好地適應環境的人則會漸漸淪落到一種劣勢地位,表現在經濟上就是人們的經濟地位的不平等越

人生就是一部經濟學
從你出生到結婚、從你生子到年老,經濟學無所不在!

來越明顯。

　　第四,社會分工。分工受到市場範圍的限制,人口的增加將會導致市場範圍的擴大,如果其他條件不變,分工將會進一步細化。分工雖然使人們能夠專門做自己擅長的事,提高勞動生產率,但與之相對應的是,分工越來越細化也將使人們不得不為此而支付一定的成本。隨著人口數量的增加,人們的需求多樣化,社會分工越來越細化,隨之出現了兩個不得不認真對待的問題:一是如何選擇自己擅長的行業,這需要花費時間,一旦行業選擇不對,與自己的特長不相稱,就不能充分挖掘個人的潛力,生產率水準就會受到影響,較低的產出水準導致了經濟收入的低下;二是一些人在分工中處於一種優勢地位,從而可以獲得較大的經濟利益,而一旦在分工中處於劣勢地位,則經濟利益也會受到損害。由此也會拉大個體間的收入差距。

第二部分
機會成本主導的貧困惡性循環

機會成本主導的貧困惡性循環

貧窮人口較低的機會成本決定了其難以花費足夠的時間認真權衡各項經濟活動相對收益的高低,機會成本較低為其從事低收益的經濟活動提供了便利,他們總是在從事低收益的經濟活動,這占據了他們的時間資源,如此不斷循環累積的最終結果是加劇其貧困。

1953 年,羅格納·努克塞(Ragnar Nurkse)在《未開發國家的資本形成》一書中,提出了著名的貧困惡性循環理論。該理論認為,一國窮就是因為窮,這可以從供求兩個方面加以解釋。供給方面,開發中國家經濟不發達,人均收入水準低下,居民不得不把大部分收入用於生活消費,導致儲蓄能力較低;低儲蓄能力引起資本稀缺,造成資本形成不足;從而導致生產規模難以擴大,勞動生產率難以提高;低生產率造成低產出,低產出又造成低收入。周而復始,形成一個「低收入—低儲蓄能力—低資本形成—低生產率—低產出—低收入」的惡性循環。需求方面,開發中國家經濟落後,人均收入水準低下,購買力和消費能力低下;低購買力導致投資引誘不足;投資引誘不足進一步造成資本形成不足;低資本形成使生產規模難以擴大,

人生就是一部經濟學
從你出生到結婚、從你生子到年老，經濟學無所不在！

生產率難以提高；低生產率帶來低產出和低收入。這樣，也形成一個「低收入—低購買力—低投資引誘—低資本形成—低生產率—低產出—低收入」的惡性循環。

貧困惡性循環理論從資本不足的角度揭示了廣大開發中國家貧窮落後的原因，為很多後來學者所接受和推崇。但我們認為，這一理論偏重於整體角度的解釋，它更多是從整體的視角來解釋開發中國家整體貧困的原因，而沒有從個體角度解釋到底為什麼窮就是因為窮，沒有解釋具體到個人窮是因為什麼窮。受羅格納·努克塞貧困惡性循環理論的啟發，我們在此想從個體角度論述一下由機會成本主導的貧困惡性循環。

窮人的一個重要特徵是財富佔有量較少，他們所從事的各項經濟活動有一個共同的特徵，即收入水準較低。窮人擁有的財富不足以保障其能夠在一段時間不工作而去盡情享受閒暇或思考怎麼致富。他們總是為了生計而努力工作，沒有過多地思考比較不同工作的相對收益。窮人往往徘徊在溫飽線上，迫切需要盡快獲得收入，哪怕是微薄的僅能夠維持生計的收入，他們都願意為之去努力。比如，為了自家生產的農產品能夠多賣幾元錢，農民會毫不猶豫地冒著嚴寒酷暑到集市上辛苦地勞作一天。在那一刻，他們唯一的願望是自己的農產品能夠以相對較好的價格順利出售，除此之外再也沒有其他想法。辛苦勞作的結果是自家的農產品只多賣了幾元錢，為此而付出的時間和其他成本卻有可能比較大。

此時會有人問，既然如此，農民為什麼願意從事低收入的經濟活

第二部分
機會成本主導的貧困惡性循環

動呢？其原因是他們的創收能力低，從事各類經濟活動的機會成本較低。對一個普通農民來說，他們如果不花大量的時間到集市多賺幾元錢，而是在家休閒，其結果很可能是一點收入也沒有，長此以往，自身的經濟狀況會更差。也就是說，他們到集市多賣幾元錢的機會成本很低，這是他們毫不猶豫去做的根本原因。這種情況會影響到他們的決策選擇，直接決定了他們在決策時不會有太多的思考，因為他們似乎沒有必要為較低的機會成本而再三權衡。雖然賺取的收入較少，但農民並沒有因此而減少時間投入，時間的占用決定了農民再也沒有機會從事收益更高的經濟活動。

因為機會成本較低，農民在做決策時的起點就比較低，決策時並不需要過多的思考。只要能夠獲取更高一點的收入，他們就可以毫不猶豫地去努力。但努力的結果可能是，從總量上看，帶來的額外收益並不是很多。不過，這對農民來說已經是一個比較好的結果了。畢竟透過自己的努力讓收入提高了一點點，因此這種選擇是在其所面臨的約束條件下能獲得的一個相對較好的結果，對他們來說也是理性的。那麼，這一個理性選擇的邏輯就是，農民較為貧窮、創收能力較低決定了從事各種經濟活動機會成本較低，較低的機會成本讓農民有了從事低收益的經濟活動的激勵，收益的低下導致其更加貧窮。換言之，一個人貧窮就是因為他從事各類經濟活動的機會成本較低，機會成本較低為其從事低收益的經濟活動提供了便利，從而陷入了貧困惡性循環的怪圈。

富裕人士則不同，他們往往有足夠的財富，從而可以有足夠的時

人生就是一部經濟學
從你出生到結婚、從你生子到年老,經濟學無所不在!

間去準備並獲取更高的收入,比如他們可以拿出時間來為自己「充電」,增加自身的人力資本累積,也可以充分地思考權衡各項經濟活動的相對收益。這樣一來,他們可以選擇從事一個收益相對更高的經濟活動,並且在這一活動中獲取更多的收益。即便是在某些時候,富人放棄創收的機會,但他們節約了時間,在時間方面為其從事收益更高的經濟活動提供了可能。同時,因為可供富人選擇的機會較多,他們的機會成本較高,這也會促使其從事收益較高的經濟活動。對他們而言,從事低收益的經濟活動往往得不償失。因此,他們不必整天忙於收益較低的經濟活動,有充足的時間和機會保障其做出收益更高的決策,從而逐漸地獲取更多的財富累積。

總之,貧窮人口較低的機會成本決定了其難以花費足夠的時間認真權衡各項經濟活動相對收益的高低,機會成本較低為其從事低收益的經濟活動提供了便利,他們總是在從事低收益的經濟活動,這占據了他們的時間資源,如此不斷循環累積的結果是加劇其貧困。既然如此,解決貧窮的一個有效手段就是增加窮人的選擇機會,提高他們的機會成本。實現這一目標有兩個途徑:第一個是對低收入群體進行各類技能培訓,增加其人力資本累積,讓他們逐漸擁有從事高收益經濟活動的能力,不斷抬高其機會成本,促使其從事收益更高的經濟活動,從而不斷增加其收益;第二個是增加低收入群體的選擇範圍,讓他們有更多的選擇,可以從事收益相對較高的經濟活動,從而改善自己的經濟狀況。

第二部分
成本高低事關存亡

成本高低事關存亡

　　因為表徵收益的價格是由供求關係而非成本決定,則成本高低不僅事關經濟主體的各項選擇是否可以取得預期的效果,獲得應有的收益,甚至關乎經濟主體的生死存亡。生物的進化,群體組織的生存發展,王朝政權的更迭都直接受到成本高低的影響。

　　經濟學關注成本和收益,理性的經濟主體在做出各種行為選擇時都會進行成本收益分析。因為表徵收益的價格是由供求關係而非成本決定,則成本高低不僅事關經濟主體的各項選擇是否可以取得預期的效果,獲得應有的收益,甚至關乎經濟主體的生死存亡。成本決定存亡的情況幾乎存在於各個領域,我們暫且以生物個體的進化,群體組織的持續發展,以及王朝政權的更迭為例加以說明。

生存成本決定生物進化的方向

　　從生物個體進化的情況看,「物競天擇,適者生存」一直在發揮著神奇的作用,生物的進化總是向著適應環境的方向發展,而不適應環境的生物個體則往往被淘汰。根據查爾斯·達爾文(Charles Robert

人生就是一部經濟學
從你出生到結婚、從你生子到年老,經濟學無所不在!

Darwin)《進化論》的觀點,地球上現存的生物是共同祖先的後代,在從水生到陸生、從簡單到複雜、從低等到高等的進化過程中,逐步衍生出多種類型的生物,這種進化是自然選擇的結果。在生物進化的過程中,為適應環境的變化,不僅衍生出新的物種,而且隨著環境的變化也有很多生物的器官構造及功能發生變化,器官功能或者得到強化或者逐步退化,也有生物因不適應環境的變化而在激烈的生存競爭中逐漸走向滅絕。總之,在生存競爭中適應環境的生物逐漸存活下來,而不適應環境的生物則逐漸走向滅絕,這即是進化論的解釋。

其實從經濟學的角度看,生物進化的原因是生物的生存成本。適應外部環境的生物其生存的成本較低,可以實現種族的延續和發展壯大。不適應外部環境的生物其生存的成本較高,對此將有兩種結果:一種是生物在器官構造、身體機能方面逐步根據環境的要求而做出調整,以降低生存的成本,從而保障本種群的生存延續;另一種是慢慢走向滅絕,這是因為不適應環境造成生存成本較高,又不能透過進化改變自身的器官功能以降低生存成本,直接造成其種群在激烈的生存競爭中處於劣勢地位,結果就只能慢慢減少以至於滅絕。最終我們看到的結果是,物競天擇,適者生存,也就是生存成本較低的生物生存下來,不適者或自身發生變化或走向滅絕。

從生存成本的角度理解生物進化,也可以對當今物種滅絕加速給出合理的解釋。地球上生物的生存空間可以視為是既定的,經過多年的生物進化,物種之間的生存競爭更加激烈,留給現存生物改變自身以降低生存成本的時間更少,生物難以根據環境變化及時調整,這必

第二部分
成本高低事關存亡

將造成物種滅絕加速。如果考慮到人類對資源的開發利用廣度和深度不斷加大這一因素，則物種滅絕加速的現象更好理解。

生產成本決定企業的生死存亡

與生物的生命週期相似，經濟學家認為企業也是有生命週期的。簡單來看，一家企業一般都要經歷初創期、成長期、成熟期和衰退期，並且企業在生命週期的不同階段其生存和盈利能力有著顯著的差別，成長期和成熟期的企業盈利能力最強，而初創期和衰退期的企業不僅盈利能力較弱，往往還更容易走向破產倒閉。企業的盈利是收益減去成本，具體取決於其產品的產量和價格與成本。如果不考慮產品滯銷等情況，產品的產量和價格與盈利水準呈正相關關係，而經營成本則與盈利水準呈負相關關係。這意味著，處於成長期和成熟期的企業盈利能力較強主要也是因為產品的產量較大、售價較高或者經營成本較低。但是經濟學理論告訴我們，完全壟斷和寡頭壟斷市場中的企業具備定價能力，而競爭性市場特別是完全競爭市場中的企業只能接受供求力量共同決定的價格。從現實情況看，競爭性市場更加普遍，而完全壟斷或寡頭壟斷市場相對較少。這樣一來，我們就有理由相信，既然產品的售價是既定的，在大多數情況下，處於成長期和成熟期的企業盈利水準較強的原因就是其生產成本較低。

那麼，初創期和衰退期的企業盈利能力較低並容易破產倒閉的原因是什麼呢？按照前面的分析思路，毫無疑問是因為其經營成本較高。顯然，初創期的企業因為其經營規模較小，市場影響力也較小，不能

人生就是一部經濟學

從你出生到結婚、從你生子到年老，經濟學無所不在！

夠對產品實施自主定價而只能接受市場的價格，此外，處於初創期的企業難以形成大規模的生產，也面臨經營管理缺少經驗等問題，企業產品生產成本和內部管理成本較高，在價格不能根據成本確定的情況下，只能面臨較低的利潤水準和較高的生存風險。處於衰退期的企業，其走向衰退的原因無外乎產品沒有市場、技術落後、生產經營管理僵化。面對產品沒有市場這一問題，企業若不能擴大行銷、開闢新市場或成功轉型，則勢必走向破產倒閉。面對技術落後和生產經營管理僵化這些問題，這勢必增加企業的生產成本或內部的組織協調成本，從而導致其產品缺少市場競爭力，最終因為產品沒有市場而走向破產倒閉。可見，經營成本的高低在很大程度上決定了企業的命運。

治理成本決定王朝政權的更迭

從中國的歷史看，平均每兩三百年就會出現一次改朝換代，在兩千多年封建社會發展中這一狀況幾乎沒有怎麼改變。雖然不同學科的學者從不同的角度對改朝換代做出解釋，如外族侵犯、階級矛盾、貪污腐敗等。但從經濟學的角度看，仍然是成本問題決定了王朝政權的命運，因為在新王朝政權建立初期，治理成本較低其統治優勢明顯，隨著其統治時間的延長，統治階層實施國家治理的成本逐漸提高，整個社會的運行成本也在持續增加，最終導致其逐步走向滅亡，由新的王朝政權以較低的成本維持社會運行。

在每個王朝政權建立的初期，新建王朝的統治者基本都是經過戰爭的磨難才取得政權，統治階層深知創業的艱辛和政權的來之不易，

第二部分
成本高低事關存亡

因此往往在治理國家方面勵精圖治，貪污腐化現象較少，對統治階級本身的治理需要的成本投入較少。同時，新建王朝政權往往更加順應民意，也容易得到人民大眾的擁護，從而決定了其不需要在社會治理方面投入太多。再者，新建王朝政權成立的時間短，統治階層和特權階層人數還相對較少，從而食利階層人數相對較少，國家的負擔較輕。總之，新建王朝政權的治理成本較低，保障了其生存發展。這種較低的運行成本若能很好地保持，一段時間後往往會有本朝代盛世的出現。

但在王朝政權發展的後期，統治階層本身逐漸走向墮落，往往貪圖享樂而不理政事，並且此時已經有了規模龐大的特權階層，滿足這部分群體各種需求的成本投入相當高昂。統治階級麻痺廣大民眾的各種手段逐漸被識破，加上各種壓迫和剝削日益加劇，民眾的反叛情緒日益高漲，統治階級勢必要投入更多的人力和財力鞏固政權，維持其生存。這樣一來，處於發展後期的王朝政權往往治理成本較高，其延續下去的高額成本不適應歷史的選擇，最終結果是由新的治理成本較低的王朝政權來替代既有的統治，造成了王朝政權的更替。

因為每一個王朝往往都會在發展的過程中上演同樣的故事，也即都會隨著其統治時間的延長而治理成本逐步提高，較高的治理成本並不符合歷史的選擇要求，從而造成王朝政權不斷地更迭。

人生就是一部經濟學
從你出生到結婚、從你生子到年老,經濟學無所不在!

流動人口更易於缺失信用

流動人口也是理性的,他們也是經過成本收益分析並且確信收益大於或等於成本時才選擇違約,因此在流動人口還是理性的情況下,收益不小於成本是他們選擇違約的充分條件。流動人口違約被查處的概率小於非流動人口,從而給流動人口形成失信受到制裁的可能性更小的預期,因而選擇違約的概率更大一些。

伴隨著信用問題日益引起學術界的重視,對其研究已由最初的經濟學領域擴展到倫理學、法學、社會學等領域。一直以來,對信用問題的研究與經濟發展階段相聯繫,其進展主要表現在對信用作用、意義、地位和信用建設舉措的探討,一般將信用問題歸結為政府或企業信用缺失、合同執行不力等方面,其原因主要是經濟利益和產權的界定不清。專門分析流動人口這一特殊群體的信用缺失可以說是一個研究的盲區。與政府、企業信用缺失不同的是,流動人口選擇違約或不守信主要是由資訊不對稱和預期因素所致,和產權的界定不清關係甚弱。

第二部分
流動人口更易於缺失信用

經濟學發展不同階段對信用的研究

對信用的關注與經濟發展的階段水準密切相關。發軔於16世紀、發展於18世紀、成熟於20世紀的市場經濟，對經濟主體的信用水準有較高的要求。也正是在這一時期，經濟學經歷了古典經濟學向新古典經濟學的演變。在古典經濟學那裡，最早對信用加以論述的是亞當斯密，他在其著作《道德情操論》中談道：「與其說效用、仁慈是社會存在的基礎，還不如說信用、誠信、正義是這種基礎……而信用、誠信、正義則猶如支撐整個大廈的主要支柱，如果這根支柱鬆動的話，那麼人類社會這個大廈就會頃刻間土崩瓦解。」亞當斯密對信用的定位由此可窺見一斑。約翰·彌爾（John Stuart Mill）開始著眼於論述對狹義信用的理解，正如其所言：「人們往往不注意一般信用的性質，而只注意信用的特殊形式所具有的特性。」約翰·彌爾強調，信用的前提是相互信任，其信任主要來源於法律和教育。與此同時，古典經濟學家對國家信用也有所涉獵。

在新古典經濟學框架裡，資訊被認為是完全的，且交易是瞬間完成的，不存在所謂的交易費用，在這些關於完備市場的假定條件下，競爭的瓦爾拉斯均衡中不存在欺騙、違約等不講信用的問題。或許正是由於這種原因，信用在新古典經濟學產生之後的很長一段時間內未受重視。直到20世紀中後期，契約經濟學、資訊經濟學和博弈論的問世，才使得新古典經濟學對信用問題的研究越發具有邏輯性和解釋力。在契約經濟學理論中，信用被理解為一種契約關係，由於契約是不完全的，所以信用也可能是不完全的，道德風險的存在使得委託─代理

人生就是一部經濟學
從你出生到結婚、從你生子到年老，經濟學無所不在！

問題成了經濟學界的一大難題。在資訊經濟學家看來，資訊是不完全的，交往中由於人的有限理性、不確定性以及資訊不對稱，機會主義或者「搭便車」的情況就在所難免，由此造成的對他人利益的損害也不足為奇。賽局理論的創立，為經濟學分析信用問題提供了強有力的工具。在經典案例「囚徒困境」中，一次賽局導致了不合作結果的出現，個人的理性導致了集體的非理性。但是重複賽局的結果卻是雙方合作的，其賽局方是守信的。

　　囿於當時的歷史條件，古典經濟學家對信用的認識與理解是簡單的，但在古典經濟學的經典論述中已揭示出信用的本質，並且頗有建樹。不可否認的是，古典經濟學家提供的其對信用的思考為後續研究所做的貢獻是有目共睹的。主流的新古典經濟學框架將資訊不完全和交易成本排除在分析的前提條件之外，而這正是研究信用問題的關鍵所在。新古典經濟學家對信用問題研究做出的貢獻可以說是無與倫比，而其研究一般是以一系列的假定為前提的。與古典經濟學相同的是，新古典經濟學仍然假定「理性經濟人」，儘管這一假定的提出使得人們的經濟行為可以預測從而使研究更加方便，但是信用是隨經濟的發展而不斷演進的，理性、道德和文化等因素對信用水準的影響，並未納入新古典經濟學對信用研究的範疇之內。這種缺陷是新古典經濟學很難予以克服的。

流動人口選擇違約的原因

　　一是資訊不對稱。信用缺失現象的背後有著深層次的經濟根源，

第二部分
流動人口更易於缺失信用

企業信用缺失的主要原因是產權不清晰,而流動人口選擇違約的主要原因則是資訊不對稱。從經濟學的角度看,誠信是人們基於利益的一種策略選擇,而不是基於心理需要的道德選擇,它是交易者在長期、重複的博弈中形成的,需要雙方有足夠的耐心,而在一次性博弈中就更有可能選擇違約。在整個交易過程中,特別是流動人口在外地以個人身分與他人打交道的過程中,他們在個人資訊佔有方面處於優勢地位,受到經濟利益的驅使有可能選擇違約,以謀取不正當的利益。這種情況也容易激勵流動人口不考慮長期效應,只要求短期內能獲益,雖然博弈方的最終目標都是實現自身的最大得益,但他們一般只是進行一次性交易,受騙方以終止未來所有交易機會的威脅對他們不具震懾力。

二是法制法規不健全。這導致流動人口失信的預期收益較高。在契約社會中,儘管經濟生活中存在資訊不對稱,但信用制度使外部成本、風險和交易成本所引起的收入的潛在增加內在化,人們失信的動機大為降低,守信的動機得到激勵。一旦沒有外部的監管,人們的機會主義就會占據上風,違約行為就在所難免。畢竟,在法律不健全的情況下,違約受到法律制裁的可能性相對較小,相比之下違約的預期收益更大一些。制度經濟學認為,非正式制度對規範人們的行為起到很大的作用。長期居住在同一地方的人處於熟人社會中,一旦做了有違倫理道德的事會被周圍人所鄙夷,違約者將長期承受巨大的心理壓力。但流動人口在遷入地的社會認同感一般較低,非正式制度對其約束力不強或者根本沒有,這也會降低其違約的預期成本,提高其違約

人生就是一部經濟學
從你出生到結婚、從你生子到年老,經濟學無所不在!

的預期收益。

三是外部環境的影響。中國經歷了較長的農業社會時期,各種交易集中在家族內部,更多地依靠血緣和親緣約束各種行為,對陌生人之間的交易所需要的信用強調不夠,流動人口身處其中也難以擺脫外部環境的不利影響。近年來,雖然各級政府都很重視並採取措施保護農民工的利益,但外出務工人員的工資不能按時足額發放的情況仍時有發生。流動人口作為一個社會弱勢群體,如果他們在遷入地的合法權益得不到保護,並且透過正當途徑尋求保護很難時,為報復對方、圖一時的痛快極有可能選擇違約等失信行為。

毫無疑問的是,流動人口也是理性的,他們也是經過成本收益分析並且確信收益大於或等於成本時才選擇違約。違約行為的成本主要取決於被查處時實際需要支付的成本和被查處的概率。對流動人口而言,其一般在遷入地生活工作的時間更短,違約之後更有可能逃出遷入地,其違約被查處的概率小於非流動人口,從而給流動人口形成這樣一種預期,即失信受到制裁的可能更小,因而他們選擇違約的概率更大一些。

流動人口信用缺失的危害及建議

流動人口信用缺失的危害是顯而易見的,不僅危害流動人口這一群體,而且會殃及整個社會。具體表現為:一是流動人口的不誠信行為會破壞其他經濟主體的預期。由於人們大都是在自己預期的基礎上進行經濟決策的,失信行為的大量存在會使得人們對未來缺乏足夠的

第二部分
流動人口更易於缺失信用

信心,扭曲了經濟主體的預期,從而導致人們的短期行為。二是流動人口的失信行為會增加市場交易成本。失信行為的普遍存在會使得人們的交易行為更加謹慎,甚至有可能採取一些措施或增加儀器設備以盡可能使自己免於受害,這就直接增加了交易成本。三是信用缺失直接影響經濟的良性發展。信用不足導致需求不足,從而影響投資、消費和經濟發展。

在提高流動人口的信用水準方面:一是建立信用監管制度。信用缺失不僅指市場主體的信用觀念、信用意識缺乏,同時指社會信用管理制度缺失。因此,需要從制度上著手,建立健全制度,以盡可能地提高經濟主體的違約成本。二是加大對失信行為的打擊。亞當斯密早在200多年前就指出,最商業化的社會也是最道德的社會。三是建立暢通資訊渠道。包括流動人口在內的許多不誠信行為,都是由於交易雙方的資訊不對稱導致的,因而有必要在暢通資訊渠道方面下功夫,使交易雙方資訊盡可能地對稱起來,從而最大限度地減少違約行為出現。

人生就是一部經濟學
從你出生到結婚、從你生子到年老,經濟學無所不在!

為何詐貸案件以大額居多

詐貸主體和商業銀行內部人員的機會主義行為,參與詐貸主體的無限慾望、詐貸主體和銀行之間的資訊不對稱以及商業銀行貸款業務的固有模式決定了銀行發現貸款中的問題往往具有滯後性,詐貸活動潛伏期較長,最終導致詐貸金額往往較大,動輒數億元甚至是數十億元。

近年來,各類詐貸案件被媒體頻繁曝光。雖然詐貸行為分佈在不同的地區,詐貸手法各異,詐貸人員或機構也是形形色色,涉案的商業銀行工作人員職務有高有低,但是這裡面又有一個共同點:詐貸金額往往較大,動輒數億元甚至是數十億元,且詐貸活動潛伏期較長,往往是在屢屢得手後才被發現。這裡所謂的詐貸金額較大不是絕對的,而是相對於某個貸款品種的單戶最高貸款限額而言,最終被發現時的詐貸總金額與單戶授信限額上限相比金額較大。商業銀行為何總是沒能夠及時發現詐貸的苗頭?

首先,詐貸主體和商業銀行內部人員的機會主義行為,他們有意偽造表面真實的詐貸資訊。簡單而言,機會主義行為就是為了達到自己的目標而違反規則規定的各類行為。詐貸案件的參與主體在獲取貸

第二部分
為何詐貸案件以大額居多

款的過程中往往有機會主義傾向,他們往往違反或規避國家的法律法規和商業銀行內部的各項制度規定,透過瞞天過海的方式最終獲取貸款。在沒有商業銀行內部人參與的情況下,因為詐貸主體為了獲取貸款而進行了精心的謀劃設計,也盡可能地將詐貸做得「真實」,所以商業銀行的工作稍有疏忽,就會在貸款過程中難以發現其中的疑點。而如果有商業銀行內部人參與實施詐貸,則商業銀行的內部人往往給詐貸主體提供各種必要的支持和幫助,甚至是疏通關係讓商業銀行內部的各項規章制度不再發揮應有的作用,此時獲取貸款變得更加容易且不容易被發現。

其次,參與詐貸主體的無限慾望,促使其在詐貸活動中往往不會見好就收,而是越陷越深。經濟學有一個基本的假定,即人的慾望是無限的。雖然存在邊際效用遞減,但是對每一個經濟主體而言,他往往有越多越好的追求,個人對金錢的追求更是如此。參與詐貸活動的各類主體,在未進行詐貸之前不知道詐貸的甜頭,一旦首次詐貸成功,他們從中獲得了好處而且發現詐貸來得那麼容易,則無論他們在首次詐貸之前設定何種目標,下了多大的決心要適可而止,這些往往都不能很好地發揮作用,無限慾望將驅使詐貸主體欲罷不能,只能在詐貸的不歸路上越走越遠。另外,對每個人來說,做任何事情都有一個心理准入門檻。在人之初,性是善的,但一旦心中有了邪念,往往會驅使其做壞事。在此過程中首次的經歷至關重要,第一次做壞事往往會有較為激烈的內心掙扎,但一旦做了一次之後就顯得「自然」起來,心理承受能力增強並慢慢地適應了這種情況,所以後續的內心掙扎將

人生就是一部經濟學
從你出生到結婚、從你生子到年老,經濟學無所不在!

會顯著減弱甚至是認為做壞事是理所當然。這樣一來,個人的自我約束就完全不再發揮作用。首次詐貸成功之後,後續的詐貸就會接二連三地發生。再者,詐貸活動中累積的各項經驗也有助於詐貸主體進一步實施詐貸。

再次,資訊不對稱導致商業銀行不能及時發現詐貸主體的各類詐騙行為。資訊不對稱是指不同的主體對同一事物的資訊擁有量存在差異。在詐貸案件中,參與詐貸的主體和商業銀行之間存在著明顯的資訊不對稱。詐貸人員在資訊佔有方面擁有絕對的優勢,透過捏造借款主體、偽造證件、編造貸款用途等手段,向商業銀行展示「正常」的貸款資訊,而商業銀行在資訊佔有方面處於劣勢地位,在貸款調查、審查審批時往往難以識破詐貸主體精心設計包裝的各類偽造資訊,從而難以在貸款流程中及時終止詐貸。這在一次性的博弈中表現得更為突出,也直接決定了在一次性的博弈中商業銀行難以發現詐貸主體的詐貸行為。隨著博弈次數的增多,商業銀行所掌握的資訊會逐步增多,對各類偽造資訊存在的漏洞往往察覺更多,從而會慢慢發現疑點並發現詐貸行為,但往往在此時距首次詐貸發生已經有很長時間,詐貸行為在此期間已經多次發生,從而累計的詐貸金額較大。

最後,商業銀行貸款業務的固有模式決定其發現貸款中的問題往往具有滯後性。對商業銀行的貸款業務而言,其發放貸款與否這一決策是根據借款人的歷史經營情況作出,將來貸款是否可以按期足額償還則依賴於借款人未來的經營情況。這說明,即使借款人在借款之前是正常的,沒有詐貸的念頭,但是在從商業銀行獲取貸款之後,若經

第二部分
為何詐貸案件以大額居多

營不善,削弱或喪失了還款能力,其不能償還貸款時往往也會被貼上詐貸的標籤,其個人為了償債也有可能透過一些不正當的途徑獲得貸款實現借新還舊,並進入一個惡性循環。如果是有商業銀行內部人員參與的詐貸活動,則其往往會透過展期、貸款重組等合法的手段掩蓋詐貸行為,在這一過程中商業銀行內部人員也會越陷越深,需要滾動貸款填補的窟窿越來越大,從而使得詐貸金額越來越大。另外,也不能排除商業銀行在與客戶接觸多了之後,會自認為已經全面瞭解了客戶,提供更大額度的貸款,並放鬆風險管理,進而成為被詐貸的對象這種情況。

至此我們可以發現,對商業銀行而言,為了防止本機構被詐貸,一方面,需要加強對員工的教育,管理好內部人員,特別是特定職位和有一定職務的人員,減少內部人員的機會主義行為;另一方面,需要嚴格遵守國家的法律法規和監管規定,制定好銀行內部的風險管理制度並嚴格落實,增強合規意識,加大風險的全流程管理,在貸款過程中認真做好每一個流程環節的工作,全面瞭解借款人以減少資訊不對稱。

人生就是一部經濟學
從你出生到結婚、從你生子到年老,經濟學無所不在!

大型商業銀行的優勢

大型商業銀行在規模經濟、範圍經濟方面具有較強的優勢,可以降低經營的成本。大型商業銀行也具有較強的抗風險能力,可以有效抵禦風險的衝擊,影響相關政策的制定,從而進一步讓其獲得經營的優勢。

為便於更好地表述,此處特別界定大型商業銀行是指資產規模總量較大、分支機構較多、覆蓋地域範圍較廣的商業銀行。銀行業是一個充滿競爭的行業,不論經濟發展水準高低,各國都有數量眾多的商業銀行。然而,關注全球銀行業發展情況將不難發現,從總體上看,大型商業銀行的資產規模、市場佔有率往往顯著高於小型商業銀行,且往往能夠獲得更好的發展。在銀行業中,大型商業銀行應該有其特有的優勢,有利於其吸引客戶並能夠持續經營發展,且這些優勢為小型商業銀行所不具備。

規模經濟讓大型商業銀行具備了優勢

規模經濟是指在技術等其他條件不發生變化的情況下,隨著商業銀行經營規模的擴大,商業銀行的長期平均成本隨著產出的增加而遞

第二部分
大型商業銀行的優勢

減,其原因主要是專業化分工、成本分攤等。

對商業銀行而言,其經營活動主要是進行資金資源的配置,服務型特點突出,需要投入的固定成本並不多。比如,商業銀行經營所需的各項電腦系統建立之後,處理的業務越多其系統利用也就越充分,分攤到單筆業務上的系統建設成本自然也就越低,從而降低了其經營成本。大型商業銀行因為經營的規模較大,規模經濟特點突出。一方面,大型商業銀行內部人員較多,有利於開展專業化分工,提高從業人員的工作熟練程度,提升工作效率從而降低成本;另一方面,大型商業銀行服務的客戶較多,並且覆蓋的地域較廣,吸引客戶的能力較強,更易於透過服務更多的客戶,辦理更多的業務,分攤各項成本投入,並從中獲得規模經濟。

因為大型商業銀行分佈的地域範圍較廣,服務的客戶眾多,客戶的需求類型往往更多樣化,且銀行的固定資產投入相對較少,所以其可以享有規模經濟的區間段相對較大,銀行在擴張過程中更不易於達到規模不經濟階段,由規模經濟帶來的大型商業銀行優勢將會長期保持。美國等發達國家的商業銀行在每次經濟金融危機中都有大規模的兼併收購,並且兼併收購之後,在銀行總數減少的同時大銀行的數量和占比卻在增加。這足以說明,這些銀行尚未達到規模不經濟階段,否則商業銀行開展兼併收購活動就是不理性的經濟行為。

範圍經濟讓大型商業銀行具備了優勢

範圍經濟是指在其他條件不變的情況下,隨著商業銀行經營產品

人生就是一部經濟學
從你出生到結婚、從你生子到年老，經濟學無所不在！

種類的增加而引起的一種或多種產品單位經營成本的下降。大型商業銀行因為範圍經濟而具備優勢主要表現為：從產品研發方面看，商業銀行的產品創新更多的是各種資訊的組合再包裝，其產品創新過程中的固定資產投入並不多，且產品創新工作的流程等基本是雷同的，在前期產品創新中學習累積的經驗可以較為充分地用到後續的產品創新中。大型商業銀行提供的金融服務種類更加齊全，更有必要擴大產品線，需要的產品較多，在產品創新中累積的各類經驗可以得到更有效的利用，提高產品創新的熟練程度和成功率，降低產品創新的成本，提高服務效率並增加利潤。

從產品銷售方面看，產品種類齊全可以有效開展交叉銷售，為客戶提供更多的金融服務，這不僅可以降低客戶行銷的成本，而且可以提高客戶的忠誠度，從而有效提高產品行銷的效率，增加商業銀行的收益。美國富國銀行的經驗表明，商業銀行對已有客戶交叉銷售的成本是行銷新客戶成本的10%，可見行銷已有客戶是提高商業銀行投資回報率的捷徑。同時，對現有客戶交叉銷售自然也成為許多公司增加投資回報的捷徑。相關研究表明，若客戶在一家商業銀行中只有一個支票帳戶，則商業銀行留住客戶的概率為1%；若客戶在一家商業銀行只有一個存款帳戶，則商業銀行留住客戶的概率為0.5%；若客戶同時在一家商業銀行擁有這兩個帳戶，則商業銀行留住客戶的概率為10%；若客戶同時在一家商業銀行辦理三種類型的業務，則商業銀行留住客戶的概率為18%；若客戶同時在一家商業銀行辦理四種或更多的業務，則商業銀行留住客戶的概率為100%。據美國富國銀行估計，

第二部分
大型商業銀行的優勢

對同一個客戶銷售 2 個產品，每年可從其身上獲利 22 美元；對同一個客戶銷售的產品數增至 4 個，每年可從其身上獲利的數額將增至 113 美元；對同一個客戶銷售的產品數增至 6 個，每年可從其身上獲利的數額將升至 147 美元；一旦對同一個客戶銷售的產品數達 9 個以上，每年可從其身上獲利的數額將激增至 391 美元。這足以說明，商業銀行對同一客戶開展交叉銷售成本投入較低而收益較高，大型商業銀行因為產品種類齊全而在這方面具有較大的優勢。

較強的抗風險能力讓大型商業銀行具備了優勢

商業銀行經營的是風險，抗風險能力強弱不僅關係到其生存能力，更關係到其長期的可持續發展。基於下述原因，大型商業銀行具有更強的抗風險能力：首先是大型商業銀行覆蓋的地域範圍較廣，單個地區發生區域性風險對其影響一般不會很大，而在較大範圍內多個區域同時發生區域性風險的可能性較小，所以大型商業銀行對區域性風險的抵禦能力較強。其次是大型商業銀行的資產規模較大，業務量自然也較大，其業務涉及的行業往往更多，而多個行業同時發生系統性風險的可能性同樣比較小，這也可以增強大型商業銀行對行業性風險的抵禦能力。再次是大型商業銀行可以透過業務的分散化、地域的分散化、行業的分散化，有效減少經濟週期對其經營的影響。綜合上述情況來看，大型商業銀行的抗風險能力往往明顯強於小型商業銀行。對經營風險的商業銀行來說，大型商業銀行抗風險能力較強的優勢往往是小型商業銀行所難以比擬，這也是大型商業銀行的優勢。

人生就是一部經濟學
從你出生到結婚、從你生子到年老,經濟學無所不在!

較強的政策影響力讓大型商業銀行具備了優勢

為應對激烈的銀行同業競爭,商業銀行往往需要開展創新以獲取更大的優勢,包括銀行經營制度、銀行機構、銀行產品、市場結構等多方面創新。然而,創新意味著對既有制度規定的突破,甚至面臨被認定為違規的風險。大型商業銀行因為經營規模較大,管理層在經營大型商業銀行的過程中也獲得了更多的權力和影響力,從而在社會上有較大的影響,其開展的創新工作甚至可以直接影響相關的制度規定,而小型商業銀行則只能在制度規定的框架範圍內開展創新。如在美國,為解決因分業經營而引發的不良貸款問題,花旗銀行從 20 世紀 60 年代開始嘗試使用金融控股模式擴大業務範圍,並在 1998 年 4 月與旅行者集團合併組成花旗集團。其在金融控股公司方面的實踐倒逼美國當局進行立法的改革。1998 年 5 月,美國通過《1998 年金融服務業法案》,承認金融控股公司的合法地位。1999 年 11 月,美國頒布《金融服務現代化法案》,結束執行長達 66 年的《格拉斯─斯蒂格爾法案》,從法律上明確銀行業可以開展混業經營。這不僅讓花旗銀行在經營模式創新方面的投入得到了實際的效益,而且讓其在混業經營探索上走在全行業的尖端,從而進一步穩定其在銀行業的優勢地位。

綜上所述,大型商業銀行在規模經濟、範圍經濟方面具有較強的優勢,可以降低經營的成本。大型商業銀行也具有較強的抗風險能力,可以有效抵禦風險的衝擊,影響相關政策的制定,從而進一步讓其獲得經營的優勢。儘管如此,世界各國發生的銀行危機均表明,商業銀行倒閉的原因往往不是完全由資產規模決定,規模較大並不意味著商

第二部分
大型商業銀行的優勢

業銀行就一定安全。經營管理不規範、盲目從事高風險業務、戰略決策出現重大的錯誤,這些都使得商業銀行的潛在風險無法有效控制,進而導致其倒閉。從這個角度看,大型商業銀行為了實現商業可持續發展,要充分利用自己的優勢,做好戰略選擇和經營管理,尤其是風險管理。

人生就是一部經濟學
從你出生到結婚、從你生子到年老,經濟學無所不在!

對商業銀行實施監管的必要性

商業銀行和存款人之間的委託—代理關係,要求為了保護存款人利益,維護經濟金融秩序穩定,需要對商業銀行的經營活動進行監管。存款人個人對商業銀行監管無論對其個人還是對整個社會而言都存在規模不經濟,而存款人聯合監管商業銀行的經營活動又面臨著「搭便車」問題,從而需要有專業的第三方監管機構對商業銀行的經營活動進行監管。

從單個國家層面看,不論所在國的金融發展水準高低,也不論商業銀行採用何種經營模式,各個國家都設立專門的機構嚴格監管商業銀行的經營活動,力求保障商業銀行合規穩健經營。從全球範圍看,對商業銀行的監管不僅停留在單個國家層面,也不僅局限於個別或部分國家,而是全球一致的政策選擇。早在1975年2月,美國等國家的中央銀行就共同成立了巴塞爾銀行監管委員會,制定了相關的監管標準和指導原則,倡導最佳的監管方法,讓各國根據本國的實際情況採取相應的監管措施。正是源於嚴格的行業監管,各國的銀行業都是經營管理最為規範的行業。對商業銀行監管的目的無非是維護經濟金融秩序的穩定,保護存款人的合法利益,也保障商業銀行的持續穩健

第二部分
對商業銀行實施監管的必要性

經營。那麼商業銀行被實施嚴格的監管的原因是什麼呢？

委託—代理關係

　　存款人和商業銀行之間存在委託—代理關係，為維護存款人的合法利益，需要對商業銀行進行監管。在商業銀行和存款人的委託—代理關係中，委託人為存款人，代理人是商業銀行。委託人在代理人處存款之後，兩者之間的債權債務關係便得以形成。代理人受委託人的委託並利用委託人的資金開展各項資產業務，從中賺取資產業務和負債業務的利差。顯而易見的是，代理人有從事高風險活動賺取更多利差的激勵。存款人因為給商業銀行提供了資金，從商業銀行獲得存款利息，並根據自己的需要和存款約定支取本金是其應有的權利。

　　商業銀行從事的是負債經營，其債權人是存款人，保障債權人的資產安全是商業銀行必須履行的義務。我們也要清醒地看到，商業銀行也是獨立且理性的經濟利益主體，其努力開展經營活動也是為了追求利潤最大化。商業銀行依靠對存款人的負債開展各項資產業務，進而從中賺取利差，其為了獲取更多的利差收入，自然有從事高風險經營活動的衝動。這意味著，在商業銀行的經營活動中需要有嚴格的風險管理措施，追求適度的利潤並承擔相應的風險。如果沒有嚴格的外部監管，僅依靠商業銀行自我約束，它將不可避免地從事高風險的經營活動，以獲取高額的利潤，此時存款人的利益將難以得到有效保障。

　　據此看來，為了保障存款人的合法利益，需要採取措施對商業銀行的經營活動進行監管。

人生就是一部經濟學

從你出生到結婚、從你生子到年老,經濟學無所不在!

規模不經濟

單個存款人監管商業銀行的經營活動存在規模不經濟,需要對商業銀行進行統一的監管。從維護存款人的正當合法利益、保障經濟金融秩序穩定的角度看,確有對商業銀行監管的必要。在明確了監管的必要性並在這方面達成一致之後,隨之而來的問題是如何選擇監管主體。從利益方面看,對商業銀行監管更多是為了維護存款人的利益,理應由存款人自行監管。但是,由存款人監管存在的問題是,商業銀行作為債務人,其債權人即存款人為數眾多,單個存款人的存款總額相對較小,由其監管存在規模不經濟。同時,商業銀行的經營活動具有較高的專業性,對其監管需要很高的專業知識,要求每個存款人學習專業監管知識自然是規模不經濟的,且難以獲得較好的效果。每個存款人對商業銀行的經營行為都進行監管,存在重複監管的問題,自然需要較多的重複投入,整個社會也難以從中獲得規模經濟效益。這意味著,單個存款人對商業銀行進行監管,不僅對存款人個人而言存在規模不經濟,而且對整個社會而言也存在規模不經濟。這也直接決定了,依靠存款人個人對商業銀行進行監管的可行性較低。

「搭便車」現象

簡單而言,「搭便車」就是不支付成本而坐享他人努力之後獲得的利益。「搭便車」現象的存在,決定了需要有專業的第三方監管機構對商業銀行進行專業的監管。雖然單個存款人對商業銀行的經營行為進行監管存在規模不經濟,但是也存在一種合作的思路,即聯合所

第二部分
對商業銀行實施監管的必要性

有的存款人對商業銀行監管，或者由存款人自發委託外部機構監管。然而，從博弈論角度看，多個存款人對商業銀行監管的均衡結果並不具有穩定性，存款人自發委託第三方機構監管也難以操作。其原因在於，對商業銀行監管需要有成本投入，如果僅有部分存款人對商業銀行監管，則其需要承擔成本且這些成本難以有效外化，而對商業銀行進行有效監管、維持商業銀行穩健運行的收益卻可以惠及所有存款人。也就是說，存款人聯合對商業銀行的經營活動進行監管存在正外部成本，這不僅會導致監管供給的不足，也有可能導致這一聯合存在較大的不穩定性，甚至是根本無法有效聯合。每一位存款人在聯合監管時都存在一個占優策略選擇，即只聯合不監管，都寄希望於別人監管付出成本，自己享受由此帶來的利益，從而不可避免地存在「搭便車」行為。這意味著，如果由存款人聯合起來監管，則需要全體存款人都直接參與或者全體存款人都支付成本委託第三方機構，達到這種效果需要支付的成本相當高昂。聯合監管計劃最終將化為泡影，根本無法起到有效監管的作用。這直接決定了對商業銀行的監管必須要有第三方專業機構來負責，以真正達到監管目的。

　　總之，商業銀行和存款人之間的委託—代理關係，要求為了保護存款人利益和經濟金融秩序穩定，需要對商業銀行的經營活動進行監管。存款人個人對商業銀行監管無論對其個人還是對整個社會而言都存在規模不經濟，而存款人聯合對商業銀行的經營活動進行監管又面臨著「搭便車」的問題，聯合監管的機制難以有效發揮作用，從而需要有專業的第三方監管機構監管商業銀行的經營活動。從上面的分析

人生就是一部經濟學
從你出生到結婚、從你生子到年老，經濟學無所不在！

可以看出，成立專業的監管機構對商業銀行的經營活動進行監管是一個較好且有效的制度選擇，讓監管機構充分發揮監管作用的政策選擇自然是徹底切斷監管機構和商業銀行之間的利益關聯，並有效保障監管機構的專業性和獨立性。再進一步看，不僅銀行業監管要如此，其他行業監管也應該如此。

第二部分
銀行業的行業壟斷與銀行間的競爭

銀行業的行業壟斷與銀行間的競爭

　　銀行業整個行業的競爭屬性與銀行業內部的銀行間競爭屬性存在較大的差異。從市場競爭的角度看，銀行業在行業之間和行業內部有著較大的差異，具體表現為銀行業較其他行業而言是一個壟斷行業，但在銀行業內部則是一個充滿競爭的行業。

　　從市場競爭的角度看，銀行業在行業之間和行業內部有著較大的差異，具體表現為銀行業較其他行業而言是一個壟斷行業，但在銀行業內部則是一個充滿競爭的行業。換言之，銀行業整個行業的競爭屬性與銀行業內部的銀行間競爭屬性存在較大的差異，這種情況出現的原因既有銀行業的自然屬性，也包含有政策因素。

銀行業的行業壟斷屬性

　　銀行業的行業壟斷更多地是由政策因素促成，也由行業的經濟屬性所決定，還受專業技術要求的影響。

　　首先，政府對銀行經營的政策准入導致銀行業壟斷。金融是經濟的核心，銀行業是金融的核心，也就成為經濟核心的核心。從世界各

人生就是一部經濟學
從你出生到結婚、從你生子到年老，經濟學無所不在！

國的情況看，銀行業的資產規模在金融業的細分行業中一般都是較大的，其經營穩定與否自然決定著金融的穩定甚至是整體經濟的穩定，因而政府對其經營會有較多的關注。銀行業又是負債經營的行業，透過匯集資金盈餘各方的資金，為有資金需求的主體提供金融支持，經營的穩定性也關係到整個社會的穩定。正是如此，各國政府對銀行業都實行嚴格的牌照管理，嚴格商業銀行的機構准入。為維持經濟金融的穩定性，政府在對銀行業管理的過程中，甚至可以理解為存在一定的保護銀行業免受競爭影響的傾向，即使是美國這種金融市場化程度較高的國家，在 1960 年代也曾出現保護銀行業不受競爭的監管理念和政策實踐。因政策因素引起經營牌照的稀缺導致非銀行業機構想進入銀行業較為困難，從而為銀行業的行業壟斷屬性提供了政策支持。

其次，銀行業是一個規模經濟顯著的行業，也易於形成行業壟斷。從世界各國的情況看，銀行業都具有顯著的規模經濟特點，規模大的商業銀行往往更容易獲得較好的發展。這種情況最直接的表現就是，規模較大的商業銀行在面對各種經濟金融危機時輕易不會發生倒閉，而小商業銀行則往往最早成為金融危機的犧牲品。其原因在於，大商業銀行具有更強的規模經濟和範圍經濟優勢，抗風險能力較強，且容易對政府的相關政策產生影響，為自己的發展營造良好的政策環境。銀行業顯著的規模經濟性，以及資金密集型的特點，直接決定了沒有足夠的資本根本無法從事商業銀行業務，對非銀行機構進入銀行業並經營商業銀行業務形成較大的進入壁壘。換言之，銀行業規模經濟顯著的特點造就了其行業的壟斷屬性，決定了非銀行業機構難以進入銀

第二部分
銀行業的行業壟斷與銀行間的競爭

行業從事銀行經營。

再次,銀行業是一個專業技術較強的行業,加強了其行業壟斷的屬性。銀行業的發展有自己的規律,對專業技術有著較高的要求,特別是銀行特有的專業性業務更是如此,不懂專業技術的情況下將難以有效做好銀行經營的風險防控。非銀行業機構相對缺乏銀行業要求的專業技術,也成為其進入銀行業的一個制約因素,從而在一定程度上加強了銀行業的行業壟斷。

銀行業內部的競爭屬性

從個體經濟學理論看,判斷市場結構的主要標準包括競爭者數量,價格以及產品的差異。競爭主體數量越多,價格越趨同且產品差異性越小,則競爭就越加激烈,反之競爭主體數量越少,價格歧視嚴重且產品差異性越大,則壟斷特點就越加突出。雖然銀行業對其他行業而言是一個壟斷行業,但銀行業內部卻存在激烈的競爭。這主要是由於,在銀行業內部銀行機構數量較多,價格相對趨同,以及銀行業的產品相似度較高,難以實現差異化經營。

首先,銀行業機構數量眾多,競爭主體較多,導致競爭較為激烈。從全球範圍看,商業銀行的機構數量在金融業中都是比較多的。不論經濟主體體量如何,經濟總量較大的國家都有數量較大的商業銀行。在全球經濟一體化日益加速發展的情況下,銀行業的跨國經營正在變得日益普遍,這會進一步擴大銀行業內部競爭主體的數量。銀行業行業內部數量較多的競爭主體決定了,其往往採用更易於為市場所接受

人生就是一部經濟學
從你出生到結婚、從你生子到年老，經濟學無所不在！

的價格發展業務，從而減少壟斷行為。另外，為促進銀行業做好金融服務而建立的相關設施等也加劇了銀行業的競爭。如透過銀聯跨行交易清算系統，可以實現商業銀行系統間的互聯互通和資源共享，進而實現銀行卡跨行、跨地區和跨境的使用，方便了各類經濟主體的支付結算，直接淡化甚至規避了經營網點較少的商業銀行在網點結算方面的劣勢，加劇了各家商業銀行在支付結算領域的競爭。

其次，銀行業產品相似度較高，難以開展差異化競爭，加劇了競爭的激烈程度。雖然銀行業內部存在大型銀行、中型銀行和小型銀行的區分，銀行業內部也存在全國性銀行和區域性銀行的差別，但銀行都是提供支付結算、融資支持等金融服務的，其產品相似度較高，價格差異性較小，決定了其競爭較為激烈。銀行業的產品創新需要較多的智力投入，而對固定資產投入較少，也基本不存在專利權保護，這決定了其產品創新更易於為同業所模仿和複製。即使有銀行願意投入較大的人力物力開展產品創新，但是其新產品推出後，競爭對手很容易模仿先行者的創新，從而導致產品創新的領先優勢會在短時間內喪失，最終再度陷入產品同質化競爭的循環。創新產品領先優勢難以長期保持，也決定了銀行業內部機構間要進行激烈的競爭。與此同時，雖然銀行業的規模經濟特點突出，規模較大的商業銀行更容易獲得競爭優勢，但規模優勢並不構成大型商業銀行在行業內推行差異化競爭的主要促成因素。五大國有商業銀行與銀行同業的競爭並沒有表現出較大的差異性，其與銀行同業仍然存在激烈的競爭。這種競爭最直接的結果是，五大國有商業銀行單個營業網點的淨利潤額、存款額和貸

款額等指標，普遍低於股份制等上市銀行。

第二部分
銀行業的行業壟斷與銀行間的競爭

人生就是一部經濟學
從你出生到結婚、從你生子到年老,經濟學無所不在!

第三部分

理論新言

經濟學理論並非完美無缺,也需要隨著經濟社會發展、人對經濟社會認識的不斷深入而不斷地豐富和完善。為更好地運用經濟學進行行為解釋,優化機制設計,需要不斷放鬆經濟學的各種假定,豐富分析的視角。

人生就是一部經濟學
從你出生到結婚、從你生子到年老,經濟學無所不在!

想一想

1. 經濟學理論的逐步發展完善對我們有哪些啟示?
2. 經濟學理論還存在哪些問題?可以怎麼優化完善?
3. 經濟社會發展中的哪些問題對現有經濟學理論提出了新的挑戰?
4. 本部分對經濟學理論的思考還存在哪些問題和不足?

第三部分
試評亞當斯密的分工理論

試評亞當斯密的分工理論

把分工作為一種生產性的基本制度安排引入經濟學,並聯繫到交易與市場的發展,從而提出完整的經濟增長理論是亞當斯密的一個重要貢獻。

亞當斯密的分工理論簡述

「無論是在斯密之前還是在斯密之後,都沒有人想到要如此重視分工。」的確,經濟學的開山鼻祖——亞當斯密對分工給予了足夠的重視,他是第一個把分工放在經濟學首位,並且圍繞分工進行理論分析的經濟學家。亞當斯密的分工理論有三個核心結論,即分工的功用是可以提高勞動效率,分工起源是交換的需求,以及分工的程度高低與市場範圍大小正相關。

亞當斯密在《國富論》開篇就討論了分工問題。「勞動生產力上最大的增進,以及運用勞動時所表現出的更大的熟練、技巧和判斷力,似乎都是分工的結果。」這就是亞當斯密的經典論斷,分工促進效率提高的原因又是什麼呢?在亞當斯密看來不外乎以下三個:「第一,勞動者的技巧因業專而日進;第二,由一種工作轉換到另一種工作,

人生就是一部經濟學
從你出生到結婚、從你生子到年老，經濟學無所不在！

通常須損失不少時間，有了分工，就可以免除這種損失；第三，許多簡化勞動和縮減勞動的機械的發明，使一個人能夠做許多人的工作。」分工之所以被採用，是因為分工能夠增進勞動能力、簡化勞動、節約時間和成本。但是「農業上的種種勞動，隨季節推移而巡迴，要指定一個人只從事一種勞動，事實上絕不可能。所以，農業上勞動生產力的增進，總跟不上製造業上勞動生產力的增進的主要原因，也許就是農業不能採用完全的分工制度」。

不僅如此，亞當斯密還認為「分工起源於交換」，分工是人們互通有無的傾向所引發的一種經濟行為。同時，亞當斯密進一步認為，雖然分工可以提高效率，但是分工的範圍並非可以無限擴大。「分工起因於交換能力，分工的程度，因此總要受交換能力大小的限制，換言之，要受市場廣狹的限制。市場要是過小，那就不能鼓勵人們終生專務一業。因為在這種狀態下，他們不能用自己消費不了的自己勞動生產物的剩餘部分，隨意換得自己需要的別人生產物的剩餘部分。」分工不僅導致了貨幣的出現，而且分工程度的高低是一個國家產業、勞動生產力發展水準以及國民財富增長狀況的主要標誌之一。

亞當斯密分工理論的貢獻

把分工作為一種生產性的基本制度安排引入經濟學，並聯繫到交易與市場的發展，從而提出完整的經濟增長理論是亞當斯密的一個重要貢獻。具體而言，亞當斯密分工理論的貢獻突出體現在以下幾個方面：

第三部分
試評亞當斯密的分工理論

第一,資源的稀缺制約著分工促進效率提高的能力,但預先儲備資源可以保障分工促進效率提高的功能得以實現。「許多簡化勞動和縮減勞動的機械的發明,使一個人能夠做許多人的工作。」一個人的確可以借助機械來做多個人的工作,但這也要求有相關的物質條件,即人們要有充足的食物供給,並且所使用的生產資料足夠充裕。可以想見,如果沒有足夠的食物供給,人們的生存問題尚不能得到有效解決,即使分工再合理,生產效率也無法提高。由於現實世界的資源稀缺,隨著人們專注於某一個行業,勞動熟練程度提高後對原料的需求會增加,生產所使用的原料供不應求的情況隨時可能出現。一旦出現了資源供不應求的情況,沒有了生產資料,熟練程度得以提高的勞動力便無計可施,用於提高效率而發明的機械自然難以發揮其潛能。從資源是稀缺的這一假設前提出發,亞當斯密認為,為了保障分工的效率,「預儲資財是絕對必要的」,並且「資財的積蓄,必須在分工之前。預蓄的資財愈豐富,分工就能按比例地愈加細密,而分工越細密,同一數量工人所能加工的材料,就越能按更大的比例增加」。由此一來,在食物和生產性資源得到預先儲備的情況下,「同量產業所能生產的產品亦會大增」。

第二,亞當斯密在研究分工的過程中,認識到城市和鄉村、工業和農業的發展是相互依存的。雖然說城鄉之間有貿易往來,並且「不再生產亦不能再生產生活資料的都市,其全部財富和全部生活資料都可以說是得自農村」,但是這並不能說明「都市的利得即是農村的損失,他們有相互的利害關係」。城鄉之間「分工的結果,像其他方面

人生就是一部經濟學
從你出生到結婚、從你生子到年老，經濟學無所不在！

的分工一樣，對雙方從事各種職業的居民都有益」。只有「先增加農村產物的剩餘，才能談得上增設城市」，城市規模的擴大「只能按照鄉民對製成品需要增加的比例而增加，而這種需要，又只能按照耕作及其改良事業發展的比例而發展」，「都市財富的增長與擴大，都是耕作及其改良事業發展的結果，而且按照鄉村耕作及其改良事業發展的比例而增長擴大」。同時，亞當斯密認為，相對於工業的發展，生產生活資料的農業要優先發展，但是「農業大改良，也是製造業和國外貿易所產生的結果」。由此可以明顯地看出，亞當斯密的分工理論已經涉及城鄉之間、工農之間的分工問題，並且進行了周密的論證。城鄉之間、工農之間的發展是一種相互依存的關係。不僅是在他所處的年代，即便是後來的經濟學家，例如 1940 年代末到 60 年代中期，即發展經濟學的形成和繁榮時期，占主流地位的結構主義者「只強調物質資本累積、工業化的重要性 …… 只關心工業部門的擴張，而忽視了農業和農村的發展」，直至 1960 年代中期到 80 年代初，即新古典主義復興時期，發展經濟學家才「看到了工業部門的擴張和農業部門的發展之間的密切關係，強調在工業化過程中應該重視農業的發展」。而這滯後於亞當斯密的《國富論》的首版出版時間將近 200 年，在亞當斯密所處的年代，工場手工業占據主導地位，工業發展剛剛起步，城市也是小規模發展，他能夠看到城鄉之間、工農之間的相互依存關係的確難能可貴。

第三，亞當斯密的分工理論推動了國際貿易理論學說的發展。亞當斯密認為，分工促進效率提高的作用並不僅局限於國內。他認為，

第三部分
試評亞當斯密的分工理論

「在某些特定商品的生產上,某一國佔有那麼大的自然優勢,以致全世界都認為,跟這種優勢做鬥爭是枉然的」,如果一國「要是把勞動用來生產那些購買比自己製造還便宜的商品,那一定不是用的最為有利」。因此,一國欲取得經濟的快速發展和財富累積的增加必須開展對外貿易,各種「管制幾乎毫無例外地必定是無用的或有害的」。至於如何參與國際貿易,則「應當把他們的全部精力集中使用到比鄰人處於某種有利地位的方面」。如果在國際分工中,一國能夠集中生產自己具有絕對優勢的產品,那麼就可以從貿易中獲益並取得財富累積的增加。在「看不見的手」指導下的國際貿易對一國是有利的,「不受限制而自然地、正常地進行的兩地之間的貿易,雖未必對兩地同樣有利,但必對兩地有利」。所有這些構成了亞當斯密的絕對優勢貿易理論。誠然,在亞當斯密之前的重商主義者強調國際貿易對一國財富增加的貢獻,但由於他們極其片面的財富觀,並且他們把國際貿易看成是一種零和博弈,最終也沒有一個系統的理論。亞當斯密從國際分工的角度出發,不僅提出了絕對優勢貿易理論,分析了貿易的結構和結果,而且也為大衛·李嘉圖(David Ricardo)的比較優勢貿易理論的提出做了一個很好的鋪墊。

亞當斯密分工理論的不足

亞當斯密的分工理論是不是就至臻完善,無懈可擊了呢?

受亞當斯密之後經濟學家理論研究的啓發,我認為,亞當·斯密的分工理論仍然有一些問題值得進一步的思考研究。

人生就是一部經濟學
從你出生到結婚、從你生子到年老，經濟學無所不在！

首先，選擇適合自己的分工並非易事。仔細研讀亞當斯密的分工理論可以發現，他在提出分工促進效率提高的時候，暗含著一個假定，也即假定人們可以不花費任何成本選擇適合自己的分工。亞當斯密並不是信口開河，他這麼認為是由於，在他看來「人們天賦才能的差異，實際上並不像我們所感覺的那麼大」。也就是說，人們的天賦才能幾乎是一樣的，能夠勝任任何工作，並且可以做得很好。同時，作為一個理性的經濟人，他對任何工作都有著相同的偏好，無論做什麼工作都能夠給個人帶來相同的效用。的確是太完美了，這種理性的經濟人能夠干一行，愛一行，專一行。就現實情況而言，人與人之間的差異是比較大的，如果考慮到個人興趣問題，個人因素對將要從事職業的決定性作用就更大，這就需要更大的花費去尋求合適的職業。分工和專業化加劇了資訊不對稱，這決定了每個人在尋求適合自己分工的過程中，總會花費一定的時間和精力，儘管對不同人來說尋找的過程所花費的時間和精力有差別。並且作為一個理性的經濟人，也不可能對任何工作都有同等的效用，大學畢業生「就業難」就是一個很好的例證。如今，大學畢業生「就業難」成了社會普遍關注的問題，難在何處？他們對不同的職業有著不同的偏好，不願意去做或者不能夠勝任的工作過剩，而願意去做或者能夠去做的工作稀缺。

其次，亞當斯密沒有提出規避工作轉換引發效率損失的辦法，並且其分工理論在現今條件下缺乏適用性。亞當斯密確實認識到了，由一種工作轉換到另一種工作，通常會損失不少時間。進一步講，也就是會引發一定的經濟損失。為規避時間和經濟效益的損失，就要依靠

第三部分
試評亞當斯密的分工理論

分工。為規避工作轉換引發的效率損失,個人一旦做了某種工作或者從事了某種職業,就要終其一生,否則無論何時更換工作或者轉行都會帶來效率損失。在亞當斯密所處的工場手工業居主導地位的年代,工業發展速度較慢,產業更替也較慢,人們可以終生從事一種職業,單個人從事一項分工所帶來的效率提高可以使人一生受益。但在今天,科技發展水準有了很大提高,知識經濟的作用越來越明顯,新的行業不斷湧現,需要新的技能,人們終生從事一種職業的可能性大大縮小。更何況當今的分工遠比亞當斯密所處的時代更細,甚至在同一產品的多道工序間都需要進行產品傳遞和資訊交流。在人們有限的工作年限內,由一種分工轉換到另一種分工是無法避免的。除此以外,如果一個人長期從事一種工作,對其他行業的瞭解自然會少一些,能力自然會低一些,轉行過程中可能會出現短時間內不能適應新工作的情況。面對這種情況,一是參加培訓提高能力,二是再花時間和精力去找尋其他工作。不論採取何種辦法,都會有效率的損失。而如何規避這種效率損失,亞當斯密卻沒有提出有效的解決辦法。

再次,亞當斯密假定資源可以自動達到一個合理的配置比例。為了使分工帶來的效率提高的潛能得到充分發揮,亞當斯密認識到要儲備資源,他明確指出「預儲資財是絕對必要的」,但是資源如何得到合理有效的配置,卻成了一個遺留的問題。可以想見,僅僅有充裕的資源是不夠的,還需要進行有效的配置。在資源的配置中,哪怕是再先進的機械,如果用來加工的原料與機械的加工能力不成比例,機械的功能同樣不能有效發揮。如果為某一機械配置的原料過少,機械的

人生就是一部經濟學
從你出生到結婚、從你生子到年老,經濟學無所不在!

生產能力過剩,不能夠發揮其潛能。反之,如果為某一機械配置的原料過多,機械的生產能力不足,原料就會堆積。在後續的經濟發展理論中,規模報酬的相關理論對這類問題也做過類似的解釋。在規模報酬遞增階段,就是資源稀少不能有效發揮其潛能。而在達到適度規模之後,如果繼續擴大規模,就會造成資源不能有效利用,規模報酬遞減,原因在於管理協調費用的增加。如果不考慮這些問題,而假定資源自動達到一個合理的配置比例,其說服力顯然會大打折扣。

最後,亞當斯密僅把分工看作是一個純粹的經濟現象,而忽視了分工的其他社會功能。社會學的奠基人之一艾彌爾·涂爾幹(Émile Durkheim)認為,「在任何情況下,分工都不限於經濟上的收益,它的意義首先在於它構成了社會和道德秩序本身。有了分工,個人才能擺脫孤立的狀態,而形成相互之間的聯繫;有了分工,人們才會同舟共濟而不一意孤行。總之,只有分工才能使人們牢固地結合起來形成一種聯繫」。「分工所產生的道德影響,要比它的經濟作用顯得更重要,在兩個人或者多個人之間建立一種團結感,使現代社會行之有序,才是它的真正的功能。」也就是說,分工最重要的功能在於其社會意義,在於分工使現代社會成為可能,而非提高了勞動生產率。當然,我們可以認為,作為經濟學的開山鼻祖,亞當斯密是按照經濟學的預先假設和基本前提,從經濟學的角度來看待分工現象,強調的是分工的經濟意義。造成這種看似「偏頗」的觀點,原因在於亞當斯密是採用經濟學分析範式,而不是社會學的分析範式。但在有些經濟學家看來,「實際上沒有純粹的『經濟』問題;只有問題,所以『經濟』

第三部分
試評亞當斯密的分工理論

和『非經濟』因素之分只是人為的」。因此,把分工僅僅作為一個純粹經濟現象加以解釋還是有其局限性的。

人生就是一部經濟學
從你出生到結婚、從你生子到年老,經濟學無所不在!

分工代價引發縱向一體化

分工專業化也誘發了一系列經濟主體不得不支付的代價,且這些代價伴隨著分工和專業化的深化而上升。從這個角度來看,盲目地強調分工和專業化不僅不能促進經濟效率的提高,而是適得其反。從根本上看,廠商進行縱向一體化的根本動機是規避分工的成本。

縱向一體化又稱垂直一體化,是指廠商參與商品或服務一個以上連續的生產或銷售階段。從表面上看,縱向一體化似乎與專業化生產背道而馳。因為在經濟學的鼻祖亞當斯密看來,「勞動生產力上最大的增進,以及運用勞動時所表現出的更大的熟練、技巧和判斷力,似乎都是分工的結果」。分工和專業化可以提高生產效率,而縱向一體化是一種反分工行為。事實上,建立在分工基礎上的專業化生產,雖然在技術上和生產上有助於提高生產效率,但這種把員工變成自動化生產線附屬品的生產方式,會使人喪失了勞動興趣而降低效率。同時,分工和專業化也誘發了一系列經濟主體不得不支付的代價,且這些代價伴隨著分工和專業化的深化而上升。如果從這個角度思考問題,盲目地強調分工和專業化不僅不能促進經濟效率的提高,反而適得其反。

第三部分
分工代價引發縱向一體化

從根本上看,廠商採取縱向一體化行為是因為分工是有代價的。換言之,廠商進行縱向一體化的根本動機是為了規避分工的成本。

縱向一體化的既有解釋

目前,對縱向一體化成因的解釋主要可以分為兩個方面,一是從技術方面加以解釋。如詹姆斯·湯普森(James D. Thompson)從技術相互依賴的角度解釋縱向一體化,提出如果生產過程中存在相互緊密銜接的技術步驟,則這些技術的各個環節必須有機集中在一起,才能發揮技術上的優勢。但其他學者則認為,從技術方面解釋縱向一體化是不可取的,轉而從非技術角度對縱向一體化進行研究。1937 年,羅納德·科斯在《企業的性質》中提出交易費用這一經典概念,為學者從交易費用的角度研究縱向一體化提供了工具。奧利弗·威廉姆森認為,機會主義與交易專用性投資的結合才是決定縱向一體化的主要因素。

縱向一體化的原因

亞當斯密在其《國富論》開篇就討論了分工問題。在他看來,分工可以提高效率的原因不外乎以下三個:「第一,勞動者的技巧因業專而日進;第二,由一種工作轉換到另一種工作,通常須損失不少時間,有了分工,就可以免除這種損失;第三,許多簡化勞動和縮減勞動的機械的發明,使一個人能夠做許多人的工作。」分工可以帶來專業的生產從而節約了成本,提高了效率。但亞當斯密並沒有討論分工的代價問題。事實上,在今天看來,分工代價不容忽視。正是由於分

人生就是一部經濟學
從你出生到結婚、從你生子到年老，經濟學無所不在！

工的代價導致的**轉換成本**使得個人和廠商都將支持縱向一體化。

從員工或個人的層面看，在一個專業化的廠商工作或者參與過細的分工，可以最大限度簡化自己的生產內容，自身的知識和技能也將隨之專業化，個人也只能固定在某一個特定的生產位置上，從事單一的工作，長此以往，員工的工作熱情和創新興趣勢必會降低。可以想見，當員工對工作的熱情降低超過一定限度時，他們就會消極怠工或者是跳槽，這必將影響到廠商的生產效率。無論是從對員工進行人文關懷的角度出發，還是出於實現可持續的利潤最大化的考慮，都將激勵廠商採取有效措施避免這種局面出現。

自由市場派經濟學的「教父」法蘭克·奈特（Frank Hyneman Knight）早就指出，分工與專業化的代價之一，便是「本應全面發展的人性只好在單一方向上發展」，也即「分工最大的代價是人的異化」。高度細化的工作內容對員工的智力要求也會降低，員工的惰性就會滋長，他們的技能會嚴重固化。當個人不能在一個廠商那裡終身工作，而且**轉換**工作後原有的技術不再適用時，個人就必須為之支付代價，這也就形成了個人的轉換成本。一個不可迴避的事實是，隨著經濟的發展、科技的進步，無論是產業的生命週期還是廠商的生命週期都呈現縮短的趨勢。這種情況意味著，個人為專業化支付成本的可能性很大，甚至可能是必須為專業化生產支付轉換成本。

從廠商的層面看，分工的結果是廠商進行專業化生產，這將導致廠商設備的專業化、管理的專業化、技術的專業化。由此廠商可能將不得不支付一些契約簽訂的成本和轉換成本。由於廠商不能獨立完成

第三部分
分工代價引發縱向一體化

產品生產的全部環節,將不可避免地與其他廠商進行各種交換活動,使得「原來獨立的東西喪失了獨立」。理性經濟人所固有的機會主義傾向決定了,在與其他廠商業務往來時難免會面臨各種風險,這就需要完善的契約來規範交易主體的行為。暫且不論契約的完備性到底如何,單是簽訂各種契約的過程就需要支付各種成本。如果更進一步考慮契約的不完備問題,廠商為專業化支付的成本就會更大。桑福德‧格羅斯曼(Sanford J. Grossman)、奧利弗‧哈特(Oliver Hart)指出,契約不完備對交易費用起著決定作用。簽訂完備的契約以完全消除經濟人的機會主義傾向幾乎是不可能的。這意味著,如果廠商不能夠獨立完成產品生產銷售的全部環節,則其必須為不確定性支付代價。當專業化生產的預期收益低於縱向一體化的收益時,廠商將會採用縱向一體化以迴避不完善的協作關係。

考慮到廠商的生命週期,如果廠商完成了整個生命週期,或者廠商所處的產業處於衰落期,則廠商必須面對轉行的問題,否則就是走向破產。在專業化生產條件下,廠商的設備、管理、技術都是專業化的,轉入一個新產業之後,原有的設備、技術和管理在很大程度上將不再適用。此時廠商將要為其專業化支付很高的轉換成本,甚至對單個廠商來說,轉換成本有可能高出廠商的支付能力。為避免上述尷尬的處境,廠商將會支持縱向一體化。

可見,無論是從員工的層面看,還是從廠商的層面看,他們都要為分工和專業化支付代價。規避這種成本的途徑就是擺脫專業化分工,也就是要走向專業化分工的另一面──縱向一體化。事實上,廠商進

人生就是一部經濟學
從你出生到結婚、從你生子到年老,經濟學無所不在!

行縱向一體化同樣可以從管理的協同效應中獲益。而且縱向一體化之後,意味著廠商規模的擴大,廠商將有更強的技術創新激勵,也將從創新中獲益。而員工個人則可以在進行了縱向一體化的廠商內部轉換工作職位,擺脫分工和專業化帶來的個體異化的厄運。對人文關懷氣息較重的廠商來說,他們更加關注員工的長遠發展,也樂意為員工提供類型更多的工作職位。

縱向一體化的條件

雖然分工的代價決定了廠商要進行縱向一體化,以避免各種轉換成本、交易成本,並獲得更長的生命週期。但規模經濟和範圍經濟的客觀存在決定了廠商進行縱向一體化是有條件的。

對員工來說,在一個縱向一體化的廠商中有機會從事多種不同的工作,從而可以獲得更大的效用滿足。在縱向一體化廠商工作的員工更有可能獲得其他類型的工作機會,也就是說他們的跳槽成本較低,進而他們從工作中獲得的效用水準較高。

另外,從多樣化的工作經歷可以給員工帶來效用滿足這方面看,員工所能夠從事的工作類型越多,其效用水準越高,而這些正是縱向一體化廠商的優勢所在。所以從員工的層面講,廠商進行縱向一體化是有利的。

從廠商的層面看,管理協調成本與契約成本、轉換成本之和的對比決定了廠商是否選擇縱向一體化。事實上,廠商縱向一體化之後雖然支付了管理協調成本,但同樣可以從管理協同效應中獲益,這進一

第三部分
分工代價引發縱向一體化

步降低了廠商縱向一體化後所實際支付的管理協調成本。可見，在考慮到管理協同效應的情況下，廠商進行縱向一體化更是一種明智之舉。

總之，分工和專業化生產在提高效率的同時，也使得廠商和個人的異化。如果廠商所處的產業或者個人所處的廠商進入了衰退或者蛻變期，那麼分工和專業化將導致廠商和員工轉換行業時支付巨大的轉換成本。從這個角度看，廠商進行縱向一體化、員工支持廠商縱向一體化行為的原因是為了規避分工帶來的轉換成本。但即便是考慮到分工的代價，廠商進行縱向一體化也不是沒有條件或者是盲目進行的。在是否進行縱向一體化時，廠商仍然考慮預期收益和成本孰大孰小的問題。如果縱向一體化的預期收益大於專業化生產的預期收益，廠商將進行縱向一體化；反之則反。

人生就是一部經濟學
從你出生到結婚、從你生子到年老,經濟學無所不在!

競爭性市場依然存在串謀

在競爭性市場上,廠商或者是消費者在決定是否串謀時,一個需要考慮的因素是廠商和消費者的相對數量。如果廠商的數量相對於消費者的數量較少,那麼廠商串謀是有利可圖的。反之,如果消費者的數量相對於廠商的數量較少,那麼消費者串謀將是最終博弈的結果。串謀不僅僅為廠商所獨有,條件具備時消費者同樣可以串謀。

在經濟學領域,串謀是一個古老而又嶄新的話題。亞當斯密在《國富論》中曾經談道:「即使為了娛樂,從事同一貿易的人也很少一起聚會,極其少有的聚會通常是以反對公共利益的串謀或者哄抬物價而告終。」雖然亞當斯密提出串謀由來已久,但是早期的研究一般是在靜態的框架下,僅從較淺的層次分析串謀的存在及其穩定性。直至博弈論引入經濟學,大批經濟學家成功運用動態博弈的分析框架,才使得對串謀的研究達到了一個新的層次。串謀行為隨之吸引了眾多經濟學家的注意力。

在經濟學文獻和法學文獻中,對串謀有不同的定義。在經濟學家看來,串謀是指廠商旨在協調本行業各家廠商行動和限制競爭而統一

第三部分
競爭性市場依然存在串謀

協調的一種行為。該定義包括兩個要素：第一，為達成協議而進行的交流、討論和資訊交換的過程；第二，給定其他參與者某種必須遵守的協議時，一定存在因背叛行為而獲得短期利潤，以及隨後為了強制實施協議而對背叛行為的懲罰，如價格戰。由串謀的定義不難發現，串謀儼然成了廠商的獨有行為，而消費者如果彼此聯合以獲取不正當的經濟利益則並未構成串謀。串謀所包括的兩個要素則似乎告訴我們，串謀一般不具有穩定性，為了保證串謀協議的實施，需要採取強制性的措施甚至是嚴厲的懲罰。

而在我們看來，串謀並不僅存在於廠商之間，消費者同樣可以採取串謀行為。然而，學者一般側重研究廠商之間的串謀，而很少涉及消費者之間的串謀問題。由此一來，學者在討論廠商之間是否達成串謀時，往往集中討論不同廠商對串謀的不同反應。當涉及串謀是否具有穩定性這一問題時，也只是不同廠商之間博弈的結果，儘管廠商的串謀會直接危及消費者的利益，但消費者卻處於不被考慮的境地。事實上，在一個涉及買賣雙方的交易環境中，為了實現單個經濟主體——廠商（消費者）的利益最大化，廠商（消費者）欲做出各種決策並付諸實施時，不僅要考慮競爭對手（其他廠商或者是消費者）的反應，同樣要考慮交易另一方，消費者（廠商）的反應。交易的參與者如果僅考慮交易一方的反應而忽視另一方的反應，那麼這種經濟決策的有效性就值得懷疑。這是因為，廠商的串謀決策會同時影響廠商和消費者的利益。對廠商的各種決策，不僅存在競爭關係的其他廠商會有所反應，具有能動性的消費者也並不只是被動接受，為了維護自

人生就是一部經濟學
從你出生到結婚、從你生子到年老,經濟學無所不在!

己的利益,只要條件具備他們就會採取各種應對措施。反之亦然。

雖然產業組織對策略性行為的研究主要集中在寡頭市場,而競爭性市場的廠商一般沒有策略性行為。但在我們看來,如果考慮到廠商和消費者兩方的數量對比,那麼一旦廠商的數量相對於消費者的數量較少,並且消費者的數量遠遠大於廠商的數量,則兩方在博弈中將會面臨如下問題,廠商聯合抬價的協調成本較低,而消費者聯合抵制廠商聯合抬價的協調成本較高甚至是無法達成聯盟,從而廠商仍然可以實施串謀並從中獲益。反之亦然。至此不難發現,決定是否可以開展串謀的因素是交易雙方的數量對比,以及由此而引發的協調成本高低。如果從這個角度考慮串謀問題,則競爭性市場仍然可以存在串謀,且不僅廠商之間可以串謀,消費者同樣可以實施串謀。

競爭性市場存在串謀並非是空穴來風,而是有著真實的例子做支撐。在一些區域性的競爭性市場上,廠商確實存在串謀行為。比如某一城市的小吃店、打印店,這些都是極具競爭性的市場,特別是不同打印店的產品差異並不大,符合競爭性市場的特徵,但是作為供給方,小吃店、打印店卻可以透過聯合提價的方式成功地串謀,進而攫取消費者剩餘。更令人難以相信的是,競爭性市場上小吃店、打印店的串謀行為通常都具有較強的穩定性。對此,我認為一個較為令人信服的解釋是,競爭越充分,企業相對於市場的規模就越小,其擴大生產的能力就越有限,所以一旦串謀達成,他們很難透過降價的方式謀取更多的利益。也就是說,企業擴大生產的能力有限就是一個內在的穩定機制,而不需要外在強制穩定機制就足以保證競爭市場串謀的穩定。

第三部分
競爭性市場依然存在串謀

而小吃店、打印店串謀的原因是什麼呢?其理由是廠商和消費者在決策時是以其預期為基礎的。聯合抵制廠商的高額成本決定了消費者聯合起來抵制廠商串謀的威脅是不容易發生的。廠商由此預期到消費者面對廠商的串謀更有可能選擇忍耐,因此廠商選擇串謀以提高利潤。而消費者預期聯合抵制廠商串謀的可能性極低,他們聯合抵制的結果更有可能是支付無謂的抵制成本而並沒有改善自己的處境,也就是沒有增加消費者剩餘,從而消費者在面對廠商的串謀時選擇忍耐。

廠商和消費者做出上述預期的原因是什麼呢?毫無疑問是聯合的交易成本及聯合成功的概率。廠商的數量較少決定了其為串謀支付的交易成本較低,且串謀成功的概率較大,串謀的預期利潤較高,同時他們明確地知道消費者人數眾多,消費者聯合抵制廠商串謀是小概率事件,從而他們選擇了串謀。消費者數量眾多,決定了其聯合起來抵制廠商串謀不僅必須支付高昂的交易成本,而且成功聯合的概率極低。由此一來,一旦面對廠商的串謀,消費者只能無可奈何地選擇忍耐。至此我們可以認為,是廠商與消費者的數量對比決定了廠商選擇串謀,而並沒有涉及行業的集中度問題。即使是行業的集中度較低,只要廠商的數量相對於消費者較少,同樣可能在不同的廠商之間達成串謀。

總之,我們認為競爭市場存在串謀行為,是因為我們在分析串謀行為時不僅僅考慮了其他廠商對單個廠商的決策具有影響作用,而且充分注意到了交易的另一方——消費者對廠商決策的影響作用。相比而言,綜合考慮其他廠商和消費者對單個廠商決策的影響作用這一研究思路更符合現實。在競爭性市場上,廠商或者是消費者在決定是否

人生就是一部經濟學
從你出生到結婚、從你生子到年老,經濟學無所不在!

串謀時,一個需要考慮的因素是廠商和消費者的相對數量。如果廠商的數量相對於消費者的數量較少,那麼廠商串謀是有利可圖的。反之,如果消費者的數量相對於廠商的數量較少,那麼消費者串謀將是最終博弈的結果。

這一結論意味著,串謀不僅僅為廠商所獨有,條件具備時消費者同樣可以串謀。只不過廠商串謀一般是提高商品價格,而消費者串謀將會選擇壓低商品價格,但這兩種串謀都是透過不正當手段為自己謀得額外的利益,並沒有實質性的差異。另外,一般所認為的「較高的市場集中度有利於串謀」在此並沒有得以體現,也就是說,我們並不認為較高的市場集中度是串謀得以存在的一個必要條件。只要滿足廠商和消費者數量之間存在較大差距這一條件,就存在串謀的可能性,並且是參與市場交易的主體中數量較少的一方串謀。

第三部分
不應被貶低的壟斷

不應被貶低的壟斷

　　壟斷並非多數經濟學家所認為的那樣一無是處，但是一代又一代的經濟學家卻認為壟斷是低效率的。客觀而言，壟斷造成的福利損失並沒有通常所認為的那麼大，壟斷也可以更好地使消費者獲得效用最大化，壟斷還有利於創新並催生了一些行業等。

　　壟斷概念在英文裡出現，最初特指政府賦予某些個人或企業的特權，例如英國女王特許東印度公司經營東印度的貿易航線，其他企業不準與其競爭，這就叫壟斷。所以說，一開始壟斷的名聲就不太好。約瑟夫·熊彼特（Joseph Alois Schumpeter）曾經非常坦率地說道：「在英美世界內，壟斷從來就是被詛咒……他們實際上把自己不喜歡的商業上的任何東西都歸罪於壟斷……在尤其典型的自由主義資產階級看來，壟斷幾乎已經成為一切弊病的始祖。」確如約瑟夫·熊彼特所言，經濟學家一貫主張自由競爭而反對壟斷，他們對競爭充滿了讚美之詞，而在討論壟斷時卻顯得比較吝嗇讚美或者是近乎刻薄，不僅很少提及壟斷的優越之處，甚至在一定程度上貶低壟斷。經濟學的開山鼻祖亞當斯密就明確指出，壟斷存在諸多的弊端，並且做出了壟斷會

人生就是一部經濟學
從你出生到結婚、從你生子到年老,經濟學無所不在!

造成技術非效率的論斷。雖然亞當斯密的這一論斷只是憑藉其個人感覺,但卻影響了其後數代經濟學家。此後,許多經濟學家都認為壟斷存在很多的缺陷,對經濟的發展有消極的抑製作用。比如,壟斷扭曲了價格會造成福利損失,壟斷會導致額外增加尋租,壟斷會導致成本上升和效率下降等論斷在經濟學的著作中不斷湧現。

如阿諾德·哈柏格(Arnold Harberger)曾對壟斷造成的福利損失進行經驗估計,並提出了著名的「哈伯格三角」,這一說法隨即成了各國制定反壟斷政策的理論基礎。戈登·塔洛克(Gordon Tullock)認為「哈伯格三角」沒有全部包括壟斷引起的福利損失,並提出了「塔洛克方塊」。另外,哈維·萊賓斯坦(Harvey Leibenstein)也明確指出壟斷企業面臨外部市場競爭壓力小,內部組織層次多,機構龐大,從而導致企業內部資源配置效率降低,這就是 X 非效率。並且他也非常明確地指出,壟斷所導致的 X 非效率要遠遠大於競爭所導致的 X 非效率。

其實,壟斷也並非多數經濟學家所認為的那樣一無是處,但是一代又一代的經濟學家卻認為壟斷是低效率的。誠然,出現這種情況與壟斷往往和政府強權有著千絲萬縷的聯繫。但更主要的原因則是,經濟學家在分析壟斷問題時總是有一個假設,即假設壟斷是不好的,所以分析的結果就是壟斷不如競爭有效。最終造成在經濟學家那裡,壟斷與競爭比起來總是「萬惡之源」。如果換個角度思考壟斷這一現象,可以發現壟斷並非是一切弊端的始祖,也並不能把美德完全歸於競爭,而把邪惡都歸於壟斷。壟斷造成的福利損失並沒有通常所認為的那麼

第三部分
不應被貶低的壟斷

大,壟斷也可以更好地使消費者獲得效用最大化,壟斷還有利於創新並催生了一些行業等。

壟斷造成的福利損失並沒有通常所認為的那麼大。經濟學家在分析壟斷造成了福利損失時,一般都採用了這一邏輯,即壟斷者限制了產量,導致壟斷廠商的產出低於競爭廠商的產出,從而可以收取較高的價格,使得消費者的福利受到損害。這是不爭的事實,既有的經濟學分析也是合乎邏輯的。但是約瑟夫·熊彼特早就說過「壟斷價格並不必然比競爭價格高」。在此我們並不是否定壟斷造成福利損失這一說法,也無意比較壟斷價格與競爭價格孰高孰低,而是想換個角度思考這個問題。經濟學一向認為資源是稀缺的,生產任何商品都需要消耗原材料,這就要求稀缺的資源得到有效利用才有助於實現社會福利的最大化。既然壟斷廠商限制了產量,從資源利用的角度看,少生產商品就意味著會有一部分原材料被節省下來。而同一種原材料一般並不是只能生產一種商品,這些被節省下來的原材料完全可以用於生產其他商品,同樣能給消費者帶來福利滿足。透過限制產量節省下來原材料生產其他商品,在一定程度上可以彌補壟斷廠商限制產量所導致的福利損失。至此我們就可以進一步分析競爭市場多生產商品的弊端。商品生產得並不是越多越好,競爭廠商生產的商品並不見得都是消費者需要的商品,如果競爭廠商的商品供非所求,而商品生產出來卻已成了既定的事實,不論是銷毀重做還是暫時入庫保存,都是占用了稀缺的資源,從而不利於社會福利最大化。限制產量節約資源要優於濫用資源生產消費者不需要的商品。由此一來,壟斷廠商限制產量並不

人生就是一部經濟學
從你出生到結婚、從你生子到年老，經濟學無所不在！

會損害社會的福利滿足，反而有可能有利於社會福利水準的提高。

壟斷還可以滿足消費者多樣化的偏好。雖然經濟學為了分析的方便假設每個人都是理性的經濟人，人與人之間的差異被盡可能地抽象掉了。但經濟學的這一假定與現實差距太大，對每一個消費者來說，他們都有著自己的個性和愛好，消費者的偏好是千差萬別的，這就需要有各式的商品來滿足不同消費者的偏好。競爭性的廠商生產的商品都是完全一樣的，沒有任何的差異，這並不足以讓偏好各異的消費者實現效用最大化。其原因在於，對消費者來說，並不是消費商品就能讓他們實現效用最大化，而必須消費差異化的商品，或者是消費能夠迎合他們個人偏好的商品才能實現效用最大化。達成這一目標必然要求有差異化的商品供給，消費者能夠根據個人的偏好選擇，而生產供應差異化的商品正是壟斷廠商的優勢。也就是說，壟斷廠商生產供應差異化的商品，可以使消費者根據自己的偏好選擇不同的商品，從而實現個人的效用最大化。同時，壟斷廠商限制產量節約下來的原材料說不定正好可以用來生產其他更能適應消費者偏好的商品。再者，消費者的收入水準有高低之分，不同收入層次的消費者對同一商品的需求定位是不一樣的，競爭性的廠商作為價格接受者按照統一的價格出售商品，消費者也完全不能根據自己的收入水準選擇適合自己的商品，其結果是保留價格低於市場價格的消費者不能消費任何商品。很難想像保留價格低於市場價格的消費者完全不消費商品就真的會有助於消費者的效用最大化、有助於社會的福利最大化。壟斷廠商就不同了，他們可以生產品質檔次不同的商品，並根據自己的定價能力對不同的

第三部分
不應被貶低的壟斷

消費者收取不同的價格,可以讓消費者根據自己的消費能力選擇合適的商品,從而實現效用水準最大化。

　　壟斷有利於創新並催生了一些行業。只有不斷地創新才能滿足人類日益多樣化且永無止境的慾望。然而,創新因其成功率較低而具有比較大的風險,這也就要求只有實力比較雄厚的廠商才能承擔起這份風險,才有實力創新。有創意的壟斷企業不僅對社會沒有壞影響,反而是使社會更美好的推動力。雖然壟斷企業獲取壟斷利潤,但壟斷企業有精力開展長期規劃,在追求壟斷利潤的過程中也推動社會進步。完全競爭市場的原子型廠商承擔風險的能力相對較弱,從而客觀決定了壟斷廠商比競爭廠商更有條件創新。從主觀上講,如果沒有政府特權的保護,壟斷廠商為了保持自己的壟斷地位,生產供應差異化的商品,便不得不不斷創新。不論這種創新的結果是導致商品出現水準差異還是垂直差異,都能夠給消費者帶來一定的滿足。同時,由於壟斷廠商供給的是差異化的商品,他們為了使消費者瞭解自己的產品,並刺激消費者的消費欲求,就會透過做廣告的方式來引導或者改變消費者的偏好,這也是競爭的一種方式。壟斷廠商不斷地相互競爭,爭相做廣告,便催生了廣告業等行業的出現。廣告作為創意產業的一個重要組成部分,其強大的生命力以及對經濟社會發展的貢獻正在逐步顯現,正在積極地推動社會福利最大化的實現。雖然廣告業的出現並不能完全歸功於壟斷,但在這其中壟斷的作用功不可沒。

　　總之,壟斷與競爭本來沒有優劣之分,我們不否定競爭的諸多優越性,但是壟斷不應被過多地詆毀。我們真正要反對的是強權造成的

人生就是一部經濟學
從你出生到結婚、從你生子到年老,經濟學無所不在!

壟斷而不是壟斷本身。

第三部分
範圍經濟可否被視為規模經濟的特例

範圍經濟可否被視為規模經濟的特例

在一定條件下，也就是把原材料投入相近的或者生產工藝相近的不同類型產品間的差異視為同種產品不同個體間的差異，把不同類型產品類型的增加視為同種產品數量的增加，如果隨著產品種類的增加帶來廠商生產成本的降低，則範圍經濟即可視作規模經濟的一個特例。

通俗地說，在經濟學中，規模經濟是指在其他條件不變的情況下，廠商的長期生產成本隨著產量的增加而降低。範圍經濟則是指在其他條件不變的情況下，單個廠商同時生產兩種或者兩種以上的產品比多家廠商各自生產一種產品的成本要低。規模經濟、範圍經濟都是在一定的範圍內才能享有，理論上存在最佳規模、最佳範圍。也就是說，廠商生產同一產品的產量或不同產品的種類與生產成本之間不是簡單的線性關係，必須是隨著廠商產量、生產產品種類的增加，生產成本呈遞減趨勢的階段才是規模經濟、範圍經濟，否則隨著廠商產量、生產產品種類的增加，生產成本呈遞增的趨勢就是規模不經濟或範圍不經濟。在生產成本最低的點或區間就是最佳規模或最佳範圍。

規模經濟和範圍經濟形成的主要原因是，處在規模經濟或範圍經

人生就是一部經濟學
從你出生到結婚、從你生子到年老,經濟學無所不在!

濟階段時,隨著廠商生產的產品數量或種類的增加,其在生產過程中所投入的管理資源、人力資源、設備資源等資源可以得到更加充分有效的利用。但是廠商生產過程中的各種資源投入得到有效利用都是有條件的,也即必須處在合理的區間內,否則將會導致廠商內部組織協調成本等交易成本的上升,從而抵消資源有效利用帶來的成本節約,甚至是各種內部的交易成本完全抵消了資源有效利用帶來的優勢,從而導致規模不經濟或範圍不經濟。這也是為什麼規模經濟為廠商開展橫向兼併提供了理論依據,範圍經濟為廠商開展多元化經營提供了理論基礎,但是廠商並未無限制地橫向兼併,也並未無限制地開展多元化經營,全能的超級廠商至今尚未出現的原因。

　　在一般的理論分析中,經濟學家總是把規模經濟和範圍經濟分別定義並討論。我們也往往會簡單地認為,一家生產多種產品的廠商,其可以在生產中獲得範圍經濟,卻難以獲得規模經濟;而一家生產單一產品的廠商,其可以因為大規模生產而獲得規模經濟,卻無法獲得範圍經濟。這是不是意味著兩者存在天壤之別?我認為,不盡然。上述說法隱含著一個假定,即廠商的經營規模是事先設定的,且不會隨著相關情況的變化而變化。從定義來看,規模經濟是隨著廠商產量的增加,資源得到更充分的利用導致生產成本降低,而範圍經濟則是隨著廠商生產的產品種類的增加,資源得到更充分的利用導致生產成本降低。從這個角度看,範圍經濟似乎成了規模經濟的一個特例。

　　再進一步說,正如哲學家所言:世界上沒有兩片完全相同的樹葉。遵循這一分析思路,就可以得出一個與現實基本完全相符的說法,對

第三部分
範圍經濟可否被視為規模經濟的特例

同一種產品而言,每件產品都是獨一無二的,不存在兩個完全相同的產品。不同種類的產品也是如此,如果把不同種類的產品視為同一產品的不同個體,則可以將產品種類的增加近似理解為同種產品數量的增加,不難發現範圍經濟也是由於數量的增加而導致的廠商生產成本的下降。至此,範圍經濟理所當然地成為規模經濟的一個特例。

不過在現實中,把範圍經濟視為規模經濟的一個特例或者等同於規模經濟是有條件的,同一廠商生產兩種或者兩種以上的產品進而實現範圍經濟,需要具備的條件是,生產這些產品所需要的原材料、技術、工藝、設備,甚至是主要的客戶對象在某些方面存在相似性。也就是說,儘管廠商生產不同種類的產品,但可以相互利用彼此的生產技術、設備及原材料。否則就難以實現降低成本的目標。這是因為,儘管同種類的不同產品之間存在差異,但一般而言其差異小於不同種類產品的差異,因此範圍經濟並非都是規模經濟的特例。

也正是如此,我們很難想像單個廠商同時生產風馬牛不相及的產品會獲得範圍經濟。就實際的案例來看,雖然全球銀行業呈現綜合化經營的大趨勢,透過綜合化經營,銀行業為客戶提供「一站式」的金融服務,並從中獲得範圍經濟。但是全球銀行業的綜合化經營也只是局限於證券、保險、基金、信託等方面的綜合化,並未涉及其他的行業。也就是說,開展綜合化經營的幾個子行業不僅都屬於金融業,而且其本身存在較大的關聯性,可以充分利用銀行業既有的客戶和網路資源,對客戶進行深度開發、交叉銷售從而降低經營的成本。

總之,在一定條件下,也就是把原材料投入相近的或者生產工藝

人生就是一部經濟學
從你出生到結婚、從你生子到年老,經濟學無所不在!

相近的不同類型產品間的差異視為同種產品不同個體間的差異,把不同類型產品類型的增加視為同種產品數量的增加,如果隨著產品種類的增加帶來廠商生產成本的降低,則範圍經濟即可視作規模經濟的一個特例。既然如此,那麼經濟學理論分析中為何還會有規模經濟與範圍經濟之分?對此,我們的理解是,概念的細分是為了理論分析的方便,特別是便於初學者的學習。根據邏輯學的理論,概念的內涵越小其對應的外延越大,從而可以涵蓋更多的範圍,因而需要細分規模經濟和範圍經濟。在深入的學習之後,我們慢慢會發現,不同的概念之間存在相似相通之處,對此也要很好地去理解和認識。

第三部分
商品性質可變，效用評價永恆

商品性質可變，效用評價永恆

　　從表面上看，經濟學理論中把商品分為劣等商品和正常商品依據的是實際收入水準，但深層次的原因是經濟主體的效用評價。一種商品到底是劣等商品還是正常商品並不是永恆不變的，隨著居民實際收入水準的變化，商品的性質也在發生改變。真正促成消費行為變化以至於商品性質發生變化的原因，則是居民一直在追求效用最大化，以效用作為最高的評價準則。

　　經濟學理論中把商品分為劣等商品和正常商品。如果隨著消費者實際收入的上升，消費者對某種商品的需求在下降，則這種商品就是劣等商品；反之，如果隨著消費者實際收入的上升，消費者對某種商品的需求在上升，則這種商品就是正常商品。消費者對這兩類商品的需求均符合經濟學理論中的需求定律，即在其他條件不變的情況下，價格與需求量呈反向變動關係。其他條件不變包括的內容有很多，其中之一是經濟主體的實際收入水準保持不變。如果經濟主體的實際收入發生變化，則需求定律是否仍然成立就值得商榷。同時，消費者實際收入的變化，會逐步改變其效用評價，進而導致商品的性質隨之發

人生就是一部經濟學

從你出生到結婚、從你生子到年老，經濟學無所不在！

生改變。

　　商品的性質並不穩定。雖然隨著居民實際收入水準的提高，對某些商品的需求會降低，此時這些商品被認為是劣等商品，但這有可能是暫時的。隨著居民收入水準的進一步提高，會增加對所謂劣等商品的需求，劣等商品又被認為是正常商品。換言之，商品的性質並不是固定不變的，在不同條件下商品的性質會有所不同。這樣一來，似乎在向我們說明這樣一個問題，經濟學理論在對商品性質界定劃分時帶有很大的「隨意性」，正常商品淪為劣等商品的「悲劇」時有發生，劣等商品升格為正常商品的「喜劇」屢見不鮮。

　　其實，商品性質的這種變化背後存在永恆不變的東西，即經濟主體對效用最大化的追求，以效用作為評價標準是永恆不變的，正是這一永恆不變的主題讓商品的性質發生了變化。經濟主體對效用最大化的追求受到客觀條件的限制，具體到商品性質的劃分上就是實際收入水準。

　　總之，從表面上看，經濟學理論中把商品分為劣等商品和正常商品依據的是實際收入水準，但深層次的原因是經濟主體的效用評價。一種商品到底是劣等商品還是正常商品並不是永恆不變的，隨著居民實際收入水準的變化，商品的性質也在發生改變。真正促成消費行為變化以至於商品性質發生變化的原因，則是居民一直在追求效用最大化，以效用作為最高的評價準則。同時，經濟主體在運用效用評價標準時有一定的約束條件，實際收入水準就在居民對商品性質的評價上發揮著重要的限制約束作用。因為實際收入水準提高，擴大了經濟主

第三部分
商品性質可變，效用評價永恆

體實現效用最大化的選擇範圍和方式，故而他們會在不同的客觀條件下做出不同的評價。

　　隨著居民實際收入水準的變化，商品性質隨之變化具有普遍性，但並不絕對。比如，隨著居民實際收入水準提高，居民從以前偏愛肉類食品轉變為偏愛蔬菜類食品，從偏愛坐車上班轉變為偏愛騎自行車上班等。蔬菜和自行車曾經淪為劣等商品，但現今又受到消費者的青睞。諸如此類的例子在現實生活中還有很多，這說明商品性質發生變化是普遍存在的。但與此同時，黑白電視機成為劣等商品後至今都沒有翻身的機會，因為彩色電視機的觀看效果優於黑白電視機，經濟主體為了追求效用滿足，對彩色電視機的青睞至今仍沒有發生變化。這一例子從另一個方面說明，商品性質發生變化並不是絕對的。但是無論商品性質是否發生變化，效用評價作為最終的評價標準是不會變化的。

人生就是一部經濟學
從你出生到結婚、從你生子到年老,經濟學無所不在!

零邊際成本和共享經濟的邊界

　　邊際成本趨於零並不意味著所有的產品其邊際成本都會趨於零,共享經濟也並非意味著所有的產品都可以共享。誕生於工業革命並隨工業社會發展而演變的經濟學,在資訊社會應該會發生變化,但經濟學不會因此而被全盤顛覆。

　　傑若米·里夫金(Jeremy Rifkin)的《零邊際成本社會》以極富創造力、想像力的寫法,描繪了零邊際成本以及共享經濟的藍圖,讓讀者對其充滿了憧憬。我不否認,隨著移動網路、能源網路和交通網路三網真正做到合一,並且太陽能、風能等可再生能源廣泛且低成本使用後,邊際成本有可能真的會趨於零,並且共享經濟的規模將大大擴大,但這些都是有邊界的。更明確地說,邊際成本趨於零並不意味著所有的產品其邊際成本都會趨於零,共享經濟也並非意味著所有的產品都可以共享。

經濟學思維的成分欠缺

　　在零邊際成本和共享經濟的分析中,經濟學思維的成分相對欠缺。首先,邊際成本為零沒有考慮生產的機會成本問題。邊際成本是

第三部分
零邊際成本和共享經濟的邊界

一個經濟學概念,即每增加一單位產品的生產所額外增加的成本。但這並不意味著,用了這個名詞就有足夠的經濟學思維。在一定程度上,零邊際成本更多的是從會計成本的角度分析問題,而經濟學中的機會成本概念需要引起足夠的重視。毫無疑問,考慮各項經濟活動的機會成本更能體現經濟學思維。機會成本就是因為從事某項經濟活動而導致不能從事其他經濟活動所損失的最大收益。即使是最典型的資訊、影片、音樂文件在網路領域的複製,每增加一個單位的供給邊際成本可以認為幾乎為零,但消費者在獲取資訊、觀看影片、聆聽音樂時仍然是有時間成本投入的,這會產生機會成本。從供給方個體的角度看,邊際成本是趨於零的,但綜合考慮消費的機會成本,這類產品的綜合成本仍然比較高,邊際成本也不會趨於零。如果從總體的角度看,其成本仍然會相當大。

其次,邊際成本為零也並不意味著產品可以免費獲取。雖然共享經濟並沒有說一定就是免費經濟,事實上共享經濟與免費經濟也不是一個概念。但在邊際成本趨於零和共享經濟的分析中,隱約存在這樣一個邏輯,即因為邊際成本趨於零,經濟學理論中的價格機制將無法有效發揮作用,進而導致可以免費獲取產品的消費,這裡經濟學思維的成分欠缺也同樣明顯。經濟學的理論分析中,單個廠商按照邊際成本等於邊際收益的原則確定自己生產多少產品,從而可以實現自身的利潤最大化。而在市場上價格的確定則是由供求所共同決定,並不是生產成本高的廠商其產品可以賣出高價,而生產成本低的廠商其產品只能賣低價,也不是邊際成本高的產品可以賣高價,而邊際成本低的

人生就是一部經濟學
從你出生到結婚、從你生子到年老,經濟學無所不在!

產品只能賣低價。否則,經濟不僅不會發展,反而會激勵各類經濟主體以低效的方式開展供給,因為低效往往意味著成本高,成本高可以賣出高價,同樣可以獲取既定規模的利潤甚至是更高的利潤,廠商自然沒有足夠的動力提高效率以增強市場競爭力了。可見,按照經濟學的供求價格決定機制,邊際成本趨於零並不足以讓產品可以免費獲取。

再次,供給和需求的分析不可偏向一方。零邊際成本顯然更多的是從供給方來分析,而對需求方的分析相對較少,其中也蘊含著因為供給足夠多而需求可以得到滿足,從而不需要更多的分析需求問題的想法。雖然「產消者」的概念可以在一定程度上解釋,生產和消費過程是同步的,但這並不意味著生產和消費的主體都是同一個。正如老師在講課時,無論聽課的學生是 10 位還是 100 位,給老師支付的工資都是一樣的,增加一位聽課學生的邊際成本為零。從供給方來分析,具有邊際成本趨於零的特點。但在這個過程中,不僅學生聽課是有成本的,對於額外增加的學生而言,其因為聽課而付出的成本會比較高,並且可能會因為聽課的學生較多而付出更多的成本,這可能來自因為學生多而擁擠,也可能因為學生多而導致老師不能夠給每位學生及時答疑,最終出現花了成本學習但效果不佳的局面。所有這些問題需要從需求方的角度來分析,也就是強化對需求的分析。

理論背後暗含的嚴格假定

零邊際成本和共享經濟理論邏輯背後的一個假定是,技術進步會大大壓低固定成本投入,甚至導致固定成本投入顯得微不足道。在零

第三部分
零邊際成本和共享經濟的邊界

邊際成本中,其主要分析了邊際成本趨於零的情況。也就是說,在邊際成本曲線中,它只分析了產量較大時邊際成本曲線相對平緩的那一階段,而沒有分析在產量較少時邊際成本相對陡峭且較高的那一階段,更沒有分析由於規模不經濟等因素導致邊際成本隨著產量增加而遞增的問題。顯然,在產量較低時,初始固定成本投入的占比是相當高的,此時無論如何不能只分析邊際成本而對初始固定成本視而不見。在邊際成本隨著產量增加而遞增的階段同樣需要認真對待。

但在對零邊際成本和共享經濟的分析中,這些都因為技術的進步而不需要過分關注了。誠然,我們可以也有必要對技術進步充滿期待,它可以讓固定成本比現有的水準顯著降低,但給出「因為技術進步可以實現固定成本為零」的論斷恐怕仍然需要謹慎一些。在固定成本不趨於零,而邊際成本趨於零的情況下,即使是固定成本很小,其相對於趨於零的邊際成本也是巨大的。畢竟,相對而不是絕對的概念對理論分析顯得更有意義。因而,我們可以理解為終極的技術進步可以讓固定成本持續下降,但這種樂觀的看法顯然不是完美無缺的。

更何況因為大規模供給和消費,還會產生擁擠而需要支付成本。邊際成本下降是處於規模經濟階段,但規模經濟也是有界限的,當進入規模不經濟階段後,其成本就會增加,會導致邊際成本增加並隨著產量增加而逐步加大。這主要是由於,隨著需求量的增加,原來不需要支付成本的經濟行為可能需要不得不支付額外的成本。汽車作為第二次工業革命的產物,在剛剛出現時道路擁堵問題並未進入人們的視野,也沒有為了過路而支付費用的概念,而如今汽車使用量大規模增

人生就是一部經濟學
從你出生到結婚、從你生子到年老,經濟學無所不在!

加,城市道路擁堵幾乎成了全球大城市的共同特點,出行的人們不得不因此而支付擁堵成本。太陽能分佈式發電、風能利用看似不用額外支付成本,但這是在人類還沒有很好地掌握使用技術並且這些新能源尚未大規模推廣的階段,一旦大規模推廣後,將來會不會因為布置太陽能電池板、安裝風力發電機占用了空間而需要額外支付費用?這些問題值得思考。

技術進步在解決一些問題的同時,往往會產生新的問題,從而需要新的技術加以解決。對零邊際成本和共享經濟而言,其實現需要有終極的完美技術來支撐,這種完美的技術需要具備這個特點,即可以解決各類問題而不會隨之產生新的問題。

零邊際成本和共享經濟背後隱含的另外一個重要假定是過剩經濟,這也不同於經濟學中的稀缺經濟。這是由於類似於資訊、影片等的複製傳播近乎零邊際成本,其傳播並不需要過多的額外成本投入,因而會導致供給會過剩。

零邊際成本和共享經濟的適用範圍

我們期待以接近零的邊際成本提供產品和服務,也期待以接近零的價格獲得產品和服務,充分利用可再生能源實現可持續發展,但目前看來零邊際成本和共享經濟的適用是有範圍的,這也就決定了零邊際成本和共享經濟的邊界。

從技術的角度看,技術可以充分地支持批量化、規模化生產或者複製。零邊際成本和共享經濟都需要以大規模的供給,在很大程度上

第三部分
零邊際成本和共享經濟的邊界

滿足人類的需求為基礎，這就直接決定了可以實現零邊際成本和有效共享的產品，需要具備成熟且先進的技術，可以批量化、規模化生產或者複製，否則將難以實現零邊際成本，也難以實現共享。邊際成本較低需要以規模為前提，只有同質產品生產量足夠大，才可以使得邊際成本很低，而對於個性化的定制產品，其邊際成本無論如何也無法近乎為零。諸如手工藝產品，對經驗和技巧要求比較高，需要專業技術純熟的人來生產供應而且總量較少，以大規模生產的方式生產的手工藝品也只能說是大眾品，其價值和意義將大大縮減，從而無法有效實現零邊際成本和時時共享。

從供給的角度看，邊際成本會隨著產量的增加而不可逆的遞減，逐漸地趨於零。在經濟學中也有規模經濟的概念，即平均成本隨著產量的增加而降低。在規模經濟階段，或者處於規模不經濟的初始階段，因為平均成本的增加沒有改變邊際成本的遞減變化趨勢，這個階段會發生邊際成本遞減，而一旦發生規模不經濟且平均成本隨著產量的增加而遞增並達到一定的階段足以導致邊際成本增加後，則將會出現邊際成本遞增的情況，此時邊際成本不僅不會隨著產量的增加而趨於零，反而會隨著產量的增加而增加，進而與零越來越遠。如果實現邊際成本趨於零，則其產品應該是規模經濟的，並且規模經濟是一直持續下去不可逆轉的。同時，也不需要大的層級較多的公司來供應產品，輕資產特點的中小企業小規模供應甚至是個人供應是更好的選擇。

從需求的角度看，實現共享需要單個產品可以被多個消費者同時消費，並且沒有損耗。在網路時代，單個資訊產品可以在同一時刻多

人生就是一部經濟學
從你出生到結婚、從你生子到年老，經濟學無所不在！

人共享，甚至可以擴大範圍說以比特形式存在的產品都可以同時被多個消費者同時共享，但有更多原子原材料投入的產品，比如有形的物質產品，如一件衣服可以共享，但不能在同一時刻多人共享，此時也難以實現邊際成本為零。也就是說，零邊際成本更適用於可以同時多次消費，而不會影響他人消費的產品。對於具有一次性消費的產品，則難以實現零邊際成本。雖然技術的進步可以提高資源利用效率，減少商品生產中資源的投入，但人的慾望是無限的，特別是對於非自身生理需求的消費品，其隨著慾望而無限擴大的趨勢更明顯，對消費品的需求可以達到無限多。面對人類的無限慾望，任何以原子為基礎的物質產品都是稀缺的，其邊際成本也難以為零。因為能夠實現有效共享的產品在消費中不會有損耗，並且可以無限共享。此外也應具有較強的網路外部成本，進入網路內的消費者越多，越有利於共享。如資訊產品，每個人消費都不會影響資訊量，但對不同的消費者而言，其對同一資訊的理解會存在差異，彼此交流討論會更有利於資訊的獲取。再者，也要符合人類的共同需求特點，市場足夠廣大，沒有文化和地域障礙。

邊際成本遞增決定了市場的邊界，而零邊際成本且不存在邊際成本遞增的情況下，市場邊界會趨於無限大。

從流通的角度看，需要有完善的資訊共享機制，能夠快速傳遞供需情況，快速、低成本地實現供求的精準匹配。以住宿和交通行業的共享經濟為例，對房子、汽車擁有量較多的經濟主體，在滿足其消費需求之後仍然有多餘的部分，把這部分拿出來共享從而創造部分收入，

第三部分
零邊際成本和共享經濟的邊界

確實可以用比較低的邊際成本來實現。但對於不是專門從事房子租賃、汽車出租的經濟主體而言，他們往往缺少相關的需求資訊，這就需要有專門的仲介平臺，及時發布供求資訊，並且及時實施有效匹配。網路的普及確實能夠讓各類資訊在網路上時時共享，但這主要是剩餘或者未加以充分利用的產品共享。如果純粹從收費的角度看，這種所謂的共享經濟與傳統地從酒店賓館獲得住宿服務相比，除了服務提供方不同外，其餘也沒有什麼實質性的差別。

從權屬的角度看，零邊際成本和共享經濟主要是適用於只看重使用權，而不關注所有權的產品。無論是住宿、交通行業的共享，還是軟件等資訊產品的使用，其使用者關注的都是使用權，而不關注所有權。特別是軟件等資訊產品，即使是購買正版的軟件，作為知識專利產品，專利仍然屬於軟件開發人員，而使用人員只是獲得了合法使用的權利。如 Uber 是全球最大的沒有汽車的出租車公司，Airbnb 是全球最大的沒有房產的住宿服務提供商，他們都不關注所有權，而關注使用權。

經濟學理論仍有較強的生命力

零邊際成本和共享經濟出現後，也隨之出現了「這是資訊時代的經濟學，現有經濟學產生於工業時代，更適用於工業社會而在資訊社會實用性不強甚至是不適用的」論點。對此，我認為，雖然現有的經濟學理論是隨著工業革命的產生而產生，對工業社會的各種經濟現象有著較強的理論解釋力，但可以預計，現有的經濟學理論在資訊社會

人生就是一部經濟學
從你出生到結婚、從你生子到年老,經濟學無所不在!

仍然會有較強的生命力,對經濟社會現象也仍然會有較好的解釋力。

首先,經濟學作為社會科學的一個分支,是基於人性進行分析的一門學問。不論是工業社會還是資訊社會,人性永遠是存在的。正如生物都有趨利避害的本能一樣,自利作為人的本性或者說是本能,其總體不會發生根本的變化,也不會在人類存在時消失。既然自利的本性會因為人類存在而持續存在,且現有的經濟學理論就是基於人是自利的這一假定而誕生並發展完善,那麼基於人是自利的而產生的各種經濟學理論分析仍然會適用。

其次,經濟學本身也在隨著經濟社會的變化、理論研究的深入而逐漸更新完善。如從完全競爭到不完全競爭,從完全理性到不完全理性,從完全資訊到不完全資訊,經濟學在逐漸地隨著理論研究的深入而逐步豐富完善。從經濟學誕生至今的理論發展歷程中,經濟學並沒有被完全顛覆,而是越來越臻於完善,具有更強的解釋力和生命力。資訊社會也會對經濟學有更多的豐富完善而不是全盤顛覆。

零邊際成本和共享經濟的發展,得益於在工業社會產生並得到發展的網路、大數據、3D打印,以及風能和太陽能之類的可再生能源利用技術,工業社會的不斷發展為其奠定了基礎。由此看來,誕生於工業革命,並隨工業社會發展而演變的經濟學,在資訊社會應該會發生變化,但因此而說經濟學被全盤顛覆還顯得為時尚早。

第三部分
研究國際貿易更需要關注資訊不對稱

研究國際貿易更需要關注資訊不對稱

資訊的傳遞需要支付一定的成本,在某些情況下有可能很高。與國內開展的各項貿易活動相比,國際貿易面臨更大的文化距離、制度距離、經濟距離和空間距離,四種距離的存在將強化資訊不對稱,提高資訊搜尋成本。

資訊是由「可以導致個人的主觀可能性或者信念的分佈發生改變的事件」組成,它可以減少經濟主體面臨的不確定性,影響各類經濟行為,資訊的獲取需要支付成本。新古典經濟學認為資訊是完全的,市場的每一個參與者對各類資訊有完全的瞭解。隨著經濟學理論的發展完善,這一抽象的假定逐漸為後續學者所詬病。這是因為,完全資訊的假定意味著可以無成本地獲取資訊,價格已經傳遞了所有與商品交易有關的資訊。而現實經濟中,一個經濟主體知道其他經濟主體所不知道的資訊是常有的事,資訊不對稱問題在現實中廣為存在,商品交易雙方的資訊擁有量並不相同。作為一種有價值的資源,資訊的搜集、獲取需要支付一定的成本。更為重要的是,在資訊的傳遞過程中會出現噪音導致資訊失真。

不完全資訊使廠商擁有市場勢力,激勵廠商重新決策。概括而言,

人生就是一部經濟學

從你出生到結婚、從你生子到年老，經濟學無所不在！

廠商所需的資訊主要包括以下幾類：政策環境資訊，原材料供應商的資訊，市場上消費者的需求資訊等。前兩類資訊主要依靠資訊搜尋來實現，通俗地說就是自己主動去瞭解他人。後一類資訊則需要廠商主動發送資訊，特別是有關產品品質、性能、特色等資訊，通俗地說就是主動為他人瞭解自己提供便利。廠商不能夠有效獲得前兩類資訊將會增加自己的生產成本，缺失後一類資訊則不利於其占領市場。總之，資訊缺失不利於廠商利潤最大化目標的實現。

資訊傳遞的成本

廠商能否有效獲得資訊直接影響其利潤最大化目標能否實現，這將激勵廠商為佔有足夠的資訊而努力。然而，資訊並不是無成本的傳遞，其傳遞需要支付一定的成本，在某些情況下有可能很高。整個資訊傳遞過程包括發送資訊和獲取資訊兩個方面。獲取資訊成本主要來源於兩部分：第一部分是直接成本，即為獲取資訊本身所需要支付的搜尋、接收成本，這部分成本包括時間成本和交通費用；第二部分是間接成本，即獲得的資訊品質高低對後續經濟活動成本的影響。資訊品質越高越有助於後續經濟行為的決策，從而降低支付成本；資訊品質越低或者資訊嚴重失真，則不利於後續經濟行為決策，從而提高支付成本。

資訊傳遞的成本與其傳遞距離有一定的關係，隨著傳遞距離的增加資訊傳遞的成本也在增加。另外，獲取資訊都要支付一定的初始成本，這決定了資訊傳遞成本曲線並非從零點出發，而是截距為正的曲

第三部分
研究國際貿易更需要關注資訊不對稱

線。資訊傳遞成本曲線向上傾斜，意味著隨著資訊傳遞距離的增加，資訊傳遞的成本也在增加。除了資訊傳遞的距離外，資訊傳遞過程中的節點轉換也影響資訊傳遞成本。對資訊傳遞來說，每增加一個節點，資訊傳遞成本都會發生不連續的跳躍式上升，從而增加資訊傳遞的成本。

廠商在面對嚴重的資訊不對稱時，很難與供應商和消費者建立穩定的交易關係，他們將試圖在靠近擁有大量的供應商和潛在消費者的地區選址。總的來看，廠商做出上述選址的目的主要是便於資訊的傳遞，可以稱其為積極傳遞資訊的選址模式。一般而言，廠商在選址時以積極傳遞資訊的模式居多，也有極少數行業的廠商在選址時努力阻止資訊的有效傳遞。比如各國的軍工行業、壟斷性的高技術消費品行業等，這些廠商為防止競爭對手和消費者獲取自身的生產技術等資訊，在選址時有意識地進行細緻的選擇，以提高資訊傳遞成本。

國際貿易中資訊不對稱加劇的原因

與國內開展的各項貿易活動相比，國際貿易面臨更大距離，這進一步加劇了資訊不對稱。所謂距離是指商品、服務、勞務、資本、資訊和觀念穿越空間的難易程度，它用來衡量資本、勞務、商品和服務在兩個地區間流動的難易程度。此處的距離並不全是物理概念，而是經濟概念，具體包括文化距離、制度距離、經濟距離和空間距離，四種距離的存在將強化資訊不對稱，提高資訊搜尋成本。廠商若不能植根於有助於其發展的社會、政治、文化和制度背景中，那麼不僅難以

人生就是一部經濟學
從你出生到結婚、從你生子到年老,經濟學無所不在!

實現利潤最大化的目標,甚至可能危及自身的生存。其根源在於,廠商所處的社會、經濟、文化環境對其生產行為有著巨大的影響,若環境不適宜,追求利潤最大化的目標足以促使廠商逃脫既有的環境。

就文化距離而言,不同的國家具有不同的文化傳統,不同的地區具有不同的地方傳統,不同的民族具有不同的民族習慣,每一個民族都有自己特定的知識、思想和人際關係等,諸如此類的因素都會加大文化距離。一個國家或地區文化氛圍的形成是長期文化積澱的結果,一般具有較好的穩定性。換言之,文化距離的存在不僅客觀,而且難以有效縮短。在全球經濟一體化條件下,各國的語言表達習慣並沒有發生大的改變就是佐證。因為語言不通,國際貿易中往往涉及翻譯,而由於各國的思維方式及語言表達習慣的差異,翻譯中經常難以真正做到信、達、雅,從而造成資訊失真等。總之,文化差異所造成的文化距離強化了國際貿易中的資訊不對稱。

在制度距離方面,不同的國家具有不同的政黨制度、外交制度、法律制度、貿易制度等,在全球性的制度條款尚未全面公布並為各國所接受的條件下,不同國家的制度很難有效的對接。以至於國際貿易中往往出現在一個國家是合法的經濟行為,到另外一個國家卻變成違法的經濟行為的情況。按照制度經濟學家的觀點,經濟主體的行為受歷史、制度、文化的影響,其做出戰略決策取決於特定的制度環境和一系列的刺激因素。比如,在國際貿易中,貿易摩擦的出現大多與各國的產品質檢制度不同有關,造成了不必要的損失並損害了貿易雙方的利益。可以說制度距離的存在導致廠商在國際貿易時困難重重,單

第三部分
研究國際貿易更需要關注資訊不對稱

個廠商在開展國際貿易時不可能改變既有的制度,只能改變自身以適應制度規定並為之支付成本。在制度尚未在各國協調統一的狀況下,各國都將採取措施保護地區利益,以制度的名義設置各種壁壘,打擊競爭對手,這同樣可以增加距離,加劇資訊不對稱。

在經濟距離方面,國家間的經濟距離要遠大於國內不同地區間的經濟距離。人均收入在國家間的差距遠大於一國內部地區間的差距。收入決定消費數量和品質,國家間存在的人均收入差距,增加了廠商瞭解居民消費水準和消費習慣的難度,加劇了資訊的不對稱。

在空間距離方面,國際貿易中產品的運輸距離通常比國內運輸距離更長,也即國際貿易的空間距離會更大。無論是廠商還是消費者,空間距離的延長都不利於他們有效獲取資訊。巨大的空間距離既影響廠商的利潤最大化,也不利於消費者效用最大化。廠商謀求在空間上的臨近,無非是謀求以較低的搜尋成本和交易成本,迅速獲得足夠的資源供給和市場空間,空間距離的存在和增加不利於這一目標的實現。

四種距離並不是彼此割裂,而是有機聯繫、相互強化的關係。一般而言,文化距離和經濟距離的增加導致制度距離的增加,制度距離的增加會加劇文化距離和經濟距離。空間距離的增加將導致文化距離、經濟距離和制度距離的增加,文化距離、經濟距離和制度距離的增加從精神和文化方面「延長」了空間距離。儘管廠商的最終目標是實現利潤最大化,但在國際貿易中廠商卻不得不面臨這些問題。

資訊不對稱可以影響廠商的選址。資訊的部分特徵是其他商品所不具有的,經濟主體有效決策必須及時獲取準確的資訊。從資訊擁有

人生就是一部經濟學
從你出生到結婚、從你生子到年老,經濟學無所不在!

方來看,資訊具有無形擴散的特徵,從資訊尋求方來看,資訊的品質高低需要監控,這就為資訊不對稱條件下經濟主體改變自己的行為提供了充分的理由。廠商作為一類經濟主體,其存在和發展壯大除了依賴於廠商間的知識溢出,依賴於人際關係、規則和習俗之外,他們更需要足夠精準的資訊,以便於在不確定或複雜條件下做出正確的選擇。四種距離的存在直接導致廠商在國際貿易中面臨更多的資訊不對稱,增加廠商的交易成本,不利於廠商利潤最大化目標的實現,此時廠商可能採取相應的對策以降低或者消除資訊不對稱所帶來的負面影響。雖然把廠商的管理和優勢整體轉移到另一個國家並不現實,但透過廠商的重新選址,特別是跨國投資將有助於廠商降低資訊搜集成本、資訊傳遞成本和運輸成本,並實現利潤最大化。

第三部分
產業集聚驅動因素的階段變化

產業集聚驅動因素的階段變化

　　產業集聚也有生命週期，也要經歷不同的階段，最自然的階段分類就是把產業集聚分為初級階段和高級階段。在產業集聚的不同階段，促成產業集聚的主導因素不同。

　　新古典經濟學家阿爾弗雷德·馬歇爾（Alfred Marshall）在其1890年首次出版的《經濟學原理》中，首次對產業集聚的驅動因素給出了既明確又中肯的解釋：「我們可以把因為任何一種貨物的生產規模的擴大而產生的經濟分為兩類：第一是有賴於此工業的總體發展的經濟……我們可稱……為外部經濟。……這種經濟往往能因許多性質相似的小型企業集中在特定的地方——即通常所說的工業地區分佈——才能得到。」換言之，在他看來，外部經濟是產業集聚的根本原因，具體而言是知識外溢、中間產品投入和最終產品的聯繫、勞動力市場共享等因素導致了產業集聚。

　　阿爾弗雷德·馬歇爾的產業集聚理論特別強調了各類共享因素對產業集聚的促成作用，資訊傳遞的優勢與其他因素共同促成了產業集聚。在此之後，德國古典區位論的傑出代表阿爾弗雷德·韋伯（Alfred Weber）在探討工業區位問題時，把影響

人生就是一部經濟學
從你出生到結婚、從你生子到年老，經濟學無所不在！

　　工業區位的因素分為區域性因素和集聚因素，他認為低運輸成本優勢是促成工業區位集中的重要因素，正是較低的運輸成本導致了產業集聚。麥可·波特（Michael E. Porter）在其 1990 年出版的《國家競爭優勢》一書中，以其獨創的「鑽石體系」國家競爭優勢的分析框架為基礎，重新闡釋了有關產業集聚的經濟理論。他認為，產業集聚是規模經濟、範圍經濟和外部經濟共同作用的結果。

　　之後，空間經濟學家保羅·克魯格曼（Paul Krugman）認為，為了在最小化運輸成本的同時實現規模經濟，製造業廠商傾向於在需求較大的區域選址。區位的需求取決於製造業的分佈，一旦製造業的中心得以確立，就會存在自我強化的趨勢使其得以長期存在。他假定一個國家存在東部和西部兩個製造業區域，農產品和工業製成品兩種產品。農產品依賴於土地，其分佈是外生給定的，東西兩個地區各占50%。工業製成品可以在每一個地區生產。製造業廠商選址面臨的問題是，集中於一個地區要承擔高額的運輸成本，平均分佈在兩個地區又要支付額外的固定成本。最後，假定每一個地區對工業製成品的需求與該區域的人口數量成比例。如果西部地區人口份額很小，則不足以導致製造業在該地區聚集。反之，若西部地區人口份額很大，則製造業將在該地區聚集。

　　雖然上述研究產業集聚的學者在提出自己的理論時，都不同程度地強調了運輸成本、資訊傳遞等因素，但是他們並沒有對產業集聚的階段加以區分，也沒有考慮在不同階段產業集聚驅動因素的變化。而現實情況是，產業集聚也有生命週期，也要經歷不同的階段，最自然

第三部分
產業集聚驅動因素的階段變化

的階段分類就是把產業集聚分為初級階段和高級階段。在產業集聚的不同階段,促成產業集聚的主導因素不同。

雖然一般的觀點認為,產業集聚是運輸成本、資訊搜尋成本與其他產業集聚影響因素共同作用的結果。但是就運輸成本和資訊搜尋成本而言,兩者在產業集聚的不同階段所起的作用並不相同。在產業集聚的初級階段,因為集聚區本身發展水準較低,並且配套設施也不會臻於完善,產業集聚所占據的地理面積不如集聚的高級階段大。集聚區內企業之間的空間距離較小,上下游企業合作生產的產品運輸距離較小,運輸成本較低的優勢突出,導致了初級階段的產業集聚。同時,產業集聚的初級階段一般經濟發展水準較低,集聚區內單位價值的產品品質較大,需要支付的運輸成本較高,運輸成本的降低對廠商降低成本支出、增強競爭優勢作用較大,自然對產業集聚的影響作用較大。

在產業集聚的高級階段,產業集聚區內運輸成本的優勢仍然存在,但產業集聚帶來的資訊傳遞優勢開始發揮作用。其原因在於:

第一,從運輸成本的優勢看,產業集聚初級階段存在的運輸成本優勢開始弱化。在產業集聚的初級階段,較低的運輸成本為集群內部的廠商提供了便利,廠商可以利用較低的運輸成本來提高自己的競爭力,從而在產業集聚區站穩腳跟。同時,在產業集聚區域較小的情況下,可以不區分集聚區內部的運輸成本和集聚區外部的運輸成本,但是一旦產業集聚區達到一定的規模,對兩種成本加以區分就顯得十分必要。這是因為,產業集聚程度的提高勢必導致集聚區地理範圍或者說是集聚區占地面積的擴大、人口的增加。產業集聚達到一定的規模

人生就是一部經濟學
從你出生到結婚、從你生子到年老，經濟學無所不在！

後，集群內部廠商構成的生態群落仍然與外界有密切的聯繫，為了從分工中獲益，廠商所需要的部分原材料必須由集聚區外部供應。一方面，從集聚區外部供應原材料需要較長的運輸距離，導致運輸成本增加。另一方面，因為廠商集聚規模的擴大，對集聚區內部的運輸設施有更高的要求，此時集聚區內部將會出現交通擁堵等問題，降低運輸效率。一旦集聚區內部運輸成本的增加大於集聚區外部運輸成本的降低，產業集聚的結果是既不能保障原材料的及時供應，也不能保障從業人員的出行方便，因產業集聚而導致的運輸成本優勢便大打折扣。

第二，在產業集聚的高級階段，集聚自身也在傳遞資訊。其原因在於，地域空間資源的稀缺導致產業集聚區內的空間競爭加劇，獲取必要的地域空間資源以滿足自身的發展需要支付更高的成本，此時企業進入集聚區內發展的難度急速增加，企業能夠進入集聚區內贏得發展的一席之地就足以說明企業的實力和產品競爭力。換言之，在產業集聚的高級階段，實力較高的企業以向產業集聚區靠攏的方式向外界發送相關的資訊，降低其他經濟主體對集聚區相關資訊搜尋的難度，資訊搜尋成本的優勢也開始逐步呈現，此時是運輸成本和資訊搜尋成本共同起主導作用促進產業集聚。在經濟全球化的今天，雖然各國經濟之間的聯繫更加緊密，但是因為制度距離、空間距離、文化距離、經濟距離等距離較大，本國產品獲取外國消費者的認同面臨著更多的資訊不對稱，此時透過產業的高度集聚，以集聚區而非單個廠商為載體進行資訊傳遞，其作用將會更好。這也是為什麼在經濟全球化的今天，實力較強的廠商紛紛不惜支付高額成本到一些經濟密度較高的集

第三部分
產業集聚驅動因素的階段變化

聚區謀求發展的原因。

　　總之,在產業集聚的初級階段,資訊傳遞的優勢還不是特別明顯,運輸成本優勢主導了產業集聚。進入產業集聚的高級階段之後,資訊傳遞的優勢開始凸顯,運輸成本和資訊傳遞成本共同主導驅動產業集聚。

人生就是一部經濟學
從你出生到結婚、從你生子到年老,經濟學無所不在!

主流經濟學緣何忽視經濟地區分佈問題

經濟學家所做出的嚴重偏離現實的假設阻擋了他們的視線,遮擋了他們的心智,在完全同質的假定下根本不需要考慮異化問題,直接導致經濟學家從根本上忽視了經濟學的分佈問題,這其中就包括經濟地區分佈問題。

自亞當斯密創立經濟學以來,各種假定便如幽靈一般縈繞在經濟學的各類著作中。在模型構建或者理論探討時,經濟學家本能性的反應就是首先提出各類嚴格的假設,其目的無非是便於自己的分析可以有效地展開。新古典經濟學家對這個世界存有的事物都假定到了極致,高山已削平、海洋被填起、沙漠變綠洲、歧路化坦途、曲徑成通衢,整個世界都是連續平滑、均勻分佈的。全人類都生活在一個單一的世界中,他們在各地的分佈非常的均勻。不僅如此,新古典經濟學家更是假定人是完全同質的。在他們看來,人除了可以像計算器一樣迅速準確地計算自己的成本效用,在極短的時間內讓自己的效用實現最大化之外,種族、性別、性格、愛好、經歷等各類差異都被完全忽略掉了。也正是先驗假定如此,經濟學理論中就忽略了很多重要的問題。

儘管亞當斯密在《國富論》中開篇就討論了分工問題,他的這一

第三部分
主流經濟學緣何忽視經濟地區分佈問題

分工理論不僅引申出了城鄉分工、工農分工問題,更是演化出了國際貿易理論等各種理論。但或許是受到同質性假定的影響,經濟學中對各類分佈問題的研究卻顯得相對滯後。《國富論》問世後,大衛·李嘉圖等亞當斯密的追隨者紛紛著書立說,各類經濟學著作更是如雨後春筍般出現,不同程度的發展並細化了亞當斯密的各種洞見。然而,整整半個世紀之後,約翰·杜能(Johann Heinrichvon Thünen)才在其《孤立國同農業和國民經濟的關係》中,首次討論了農業經濟地區分佈問題,他的學說主要是探討地租理論,被後人稱為農業區位論。雖然約翰·杜能的經濟理論明顯受到了亞當斯密的影響,但農業區位論終究不是在古典經濟學的發源地英國誕生,而是誕生於與英國相隔不遠的德國。更令人難以理解的是,其理論提出之後並沒有受到經濟學家的重視。之後,阿爾弗雷德·韋伯才在其《工業區位論》中,研究了工業經濟地區分佈問題,又被稱為工業區位論,該研究被學界認為是最早關於工業經濟地區分佈問題的比較系統和完整的理論著作。約翰·杜能和阿爾弗雷德·韋伯的理論在當時的德國影響很大,但在德國之外其著作似乎只是被堆積於大圖書館中而無人問津。

其實,經濟地區分佈問題的本質就是區域分工問題。為什麼亞當斯密提出分工問題之後,被後世的經濟學家廣為追隨,而唯獨區域分工問題卻長時間受到主流經濟學家的冷落呢?

2008年諾貝爾經濟學獎得主保羅·克魯格曼給出了一個看似中肯的解釋,即經濟學家不研究區域經濟佈局問題,是因為他們沒有發現或者掌握有效解釋這一問題的工具。的確,研究區域經濟分佈問題需

人生就是一部經濟學
從你出生到結婚、從你生子到年老,經濟學無所不在!

要借助於計算機等現代化的工具,工具發展的滯後可能會在一定程度上制約理論的創新。但我認為,保羅·克魯格曼在解釋這個問題上多少存在詭辯的成分,理論的創新並非要完全依賴於工具的發展,在工具不具備時透過艱苦的努力仍然可以取得些許甚至是重大的理論突破。只要對某一問題有足夠的關注與思考,同樣可以在具備工具之前開展一些預測。約翰·彌爾在其《政治經濟學原理》中寫道:「不完備的預測知識對研究導向來說也許是最有價值的東西。」相信有不少的經濟學家讀過這句話,但他們仍然沒有針對經濟學中的分佈問題做出實質性的努力。這些問題出現的根源在於,經濟學家所做出的嚴重偏離現實的假設阻擋了他們的視線,遮擋了他們的心智,在完全同質的假定下根本不需要考慮異化問題,直接導致經濟學家從根本上忽視了經濟學的分佈問題,這其中就包括經濟地區分佈問題。

沃爾特·艾薩德(WalterIsard)曾明確指出:「一個關於經濟和社會的完整的理論必須包含時間和空間維度。」一切經濟活動如何進行和在何地進行都是有一定規律的,經濟活動的區位選擇理應受到經濟學家的重視。顯然,經濟活動的發生同時受到時空因素影響,僅考慮時間因素的一維經濟學理論並不能對空間分佈問題做出合理的解釋,只有考慮時空因素的二維經濟學理論才能真正有效地解釋經濟現實。也正是如此,在今天討論各類經濟分佈問題,包括區域經濟佈局、產業佈局等問題才顯得格外的重要。這不僅有助於完善經濟學的理論分析框架,而且是經濟日益發展的現實中迫切需要解決的問題。畢竟,各類經濟活動都具有外部成本,完全同質的條件下各種外部成本活動

第三部分
主流經濟學緣何忽視經濟地區分佈問題

都可以看作是完全一致的,這一現象就意味著,外部成本對經濟社會發展的作用可以不去考慮。可是,按照阿爾弗雷德·馬歇爾的觀點,外部成本對經濟社會發展的作用是巨大的甚至是驚人的。因此,為了充分利用外部成本對經濟社會發展的積極作用,分析外部成本活動對經濟行為和社會福利的影響,必須改變同質的、均勻的世界這一假設,按照二維的經濟規律對經濟的區域進行一系列的佈局活動,特別是要使得具有外部成本的經濟活動能夠大量的集聚,從而為利用各種有利的外部成本活動促進經濟發展創造條件。

最後,說經濟學中各類嚴格的假定導致主流經濟學家忽視經濟地區分佈問題並非主觀臆斷,而是有現實根據的。例如,新古典經濟學的一般定價理論就是一個典型的單一的市場理論,地區分佈的概念在該理論中完全沒有得到體現。該理論假定只存在於一個包括所有工業企業的市場中,而其總供給被認為是一個基本的數據處理問題,並且完全沒有考慮區域分佈的差異。這就是因為嚴格的假定導致主流經濟學忽視經濟地區分佈的典型例子。

人生就是一部經濟學
從你出生到結婚、從你生子到年老，經濟學無所不在！

完整的經濟學理論應是三維的

各類經濟活動的發生都要有時間因素、地域因素和空間因素，經濟學作為對經濟活動進行解釋的理論，理應充分考慮時間、地域和空間等三個因素。

各類經濟活動的發生都要有時間因素、地域因素和空間因素，而經濟學作為對經濟活動進行解釋的理論，理應充分考慮時間、地域和空間等三個因素。縱觀經濟學理論 200 多年的發展歷史，經濟學理論只是實現了從零維到一維，再從一維到二維的發展轉變，對經濟社會現象的解釋力也在逐步提高，但三維經濟學理論——這一最為完整的經濟學理論卻至今都沒有出現。三維經濟學理論在經濟學理論中仍然缺位，其缺位程度徹底至今都沒有學者提及。

在經濟學出現的早期，經濟學家下意識地假定，所有的經濟活動都是在瞬間完成的。彼時的經濟學理論是一種完全沒有時間和地域維度的質點經濟學理論，從考慮的維度來看是零維經濟學理論。比如，以英國的亞當斯密和大衛·李嘉圖等為代表的古典經濟學家，在討論經濟學理論和分析現實經濟問題

時都不考慮時間因素。雖然他們沒有明確地提出這一點，但是透

第三部分

完整的經濟學理論應是三維的

過研究其理論我們可以發現,他們的經濟學理論都暗含了一個假定,即經濟活動的發生完全不需要時間,所有的經濟活動都可以在瞬時完成。地域維度更是沒有進入他們的研究視野,區位理論發端於德國,並且區位理論產生後長期不被主流經濟學家所重視就足以證明這一點。

隨著經濟學理論的不斷發展,只考慮時間或地域維度的一維經濟學理論逐漸出現,這主要包括新古典經濟學家所倡導的時間一維經濟學理論,以及區位論學者所創立的地域一維經濟學理論。主流的新古典經濟學家在理論分析時,對經濟活動的時間維度給予了足夠的重視。在經濟學理論中考慮時間的經濟價值,多位學者都提出「眼下的一塊錢不同於未來的一塊錢」,他們把利息作為資本的價格考慮投資問題,所有這些都是最佳的例證。

然而,這種理論並不完善,同樣為學者所詬病。其主要原因在於,在主流的新古典經濟學家那裡,他們提出一種理論或創立一種學說時往往只考慮時間問題。在這種理論的倡導者看來,整個世界是均質的,各種經濟活動都可以簡化為在同一個質點完成,他們著重對經濟系統偏離均衡時進行靜態和動態的分析,而地區差異完全被忽略。不過,「基於以下兩個主要原因,空間在經濟生活中顯得相當重要:一是生產廠商在一定程度上被限制在特定的地點並且很難流動;二是運輸成本和其他障礙阻止了商品的自由流動」。因此,主流古典經濟學家的這一做法遭到了區位論學者的批評。沃爾特·克里斯塔勒(Walter Christaller)就明確地指出:「理論經濟學很少涉及空間關係和空間

人生就是一部經濟學
從你出生到結婚、從你生子到年老，經濟學無所不在！

影響，相反時間要素的作用卻過大。」正是如此，區位論的倡導者把地域作為一個重要的因素，提出了自己的地域一維經濟學理論。

不過，無論是時間一維經濟學理論還是地域一維經濟學理論都是不完善的，這又催生了綜合考慮時間和地域因素的二維經濟學理論。區域經濟學家就是二維經濟學理論的倡導者、發展者和完善者，早在1956年，區域經濟學的創始人——沃爾特·艾薩德就提出，「一個關於經濟和社會的完整的理論必須包含時間和空間維度」，「現代一般均衡理論認為運輸成本是零，並且把所有的投入和產出看作可以完美的移動，因此，這一理論只能說是一般的區域和空間經濟理論的一個特例」。他的區域經濟理論被眾多學者所接受，區域經濟理論在後續學者的推動下獲得了長足發展。如今，在全球經濟學界十分盛行的新經濟地理學（又稱空間經濟學）也是考慮了時間和地域因素的二維經濟學理論。

經濟活動的現實和經濟學理論的完善，都要求理論界要逐步地研究推出三維經濟學理論。現實方面來看，隨著全球人口的不斷增加，居民消費水準的逐步提升，消費者對各類產品的消費需求將會逐步加大，資源的稀缺性將會進一步加劇，平面上的區域資源的稀缺程度將會凸顯。人類的經濟活動將不再僅僅局限於地球表面，他們將會逐步開發利用空間資源，具體表現為開發太空資源、海洋深處資源、地球內部資源。比如，為了緩解人口的不斷增加對地球的壓力，以備地球不再宜居時人類可以得以延續，從事天文學研究的學者在積極地尋求適合人類居住的第二個地球；為了應對陸地資源枯竭可能導致的麻煩，

第三部分
完整的經濟學理論應是三維的

從海洋中獲取替代的資源，人類正在嘗試著開發利用海底資源；為了緩解城市交通的壓力，提高出行的效率，地質學家和其他專家經過充分的研究論證在城市建設以地鐵為代表的地下軌道交通；為了充分發揮地區優勢，獲取更好的經濟效益，一些山區的居民大力培植高山蔬菜；為了謀求更多成才發展的機會，享受大都市的各種便利，收入低下的群體紛紛選擇租住地下室等。這些活動儘管其空間距離有大有小，但都表明了人類正在積極地利用空間資源滿足自身的無限慾望。然而，開發利用空間資源同樣需要投入，並且投入有可能很高，在何種條件下可以進行何種經濟活動同樣有順序，這就需要理論的研究分析，為各類活動提供指導和借鑑意義。也正是在這種意義上，理論界尤其是從事經濟學理論研究的學者，需要研究提出三維的經濟學理論。

如何創立完善的三維經濟學理論具體需要的是大智慧和學界的不斷努力，本人才疏學淺不敢妄言。不過，我認為，從分析方法上看，三維經濟學理論可以繼續沿用零維、一維、二維經濟學理論的分析方法，但也應該具備自己獨特的分析思路。同時，三維經濟學理論絕不是在既有經濟學理論的基礎上機械地加進空間維度，而是把時間、地域、空間三個維度有機地融合在一起，從一個更加全面的視角對現在及未來的經濟活動給出一個更加合理的解釋。

國家圖書館出版品預行編目資料

人生就是一部經濟學：從你出生到結婚、從你生子到年老，經濟學無所不在！/ 婁飛鵬著. -- 第一版. -- 臺北市：崧燁文化，2020.08
　面；　公分
POD 版
ISBN 978-986-516-438-6(平裝)
1. 經濟學
550　　　109011480

官網

臉書

人生就是一部經濟學：從你出生到結婚、從你生子到年老，經濟學無所不在！

作　　者：婁飛鵬 著
發 行 人：黃振庭
出 版 者：崧燁文化事業有限公司
發 行 者：崧燁文化事業有限公司
E - m a i l：sonbookservice@gmail.com
粉 絲 頁：https://www.facebook.com/sonbookss/
網　　址：https://sonbook.net/
地　　址：台北市中正區重慶南路一段六十一號八樓 815 室
Rm. 815, 8F., No.61, Sec. 1, Chongqing S. Rd., Zhongzheng Dist., Taipei City 100, Taiwan (R.O.C)
電　　話：(02)2370-3310　　傳　　真：(02) 2388-1990
總 經 銷：紅螞蟻圖書有限公司
地　　址：台北市內湖區舊宗路二段 121 巷 19 號
電　　話：02-2795-3656　　傳　　真：02-2795-4100
印　　刷：京峯彩色印刷有限公司（京峰數位）

─ 版權聲明 ─

本書版權為西南財經大學出版社所有授權崧博出版事業有限公司獨家發行電子書及繁體書繁體字版。若有其他相關權利及授權需求請與本公司聯繫。

定　　價：280 元
發行日期：2020 年 8 月第一版
◎本書以 POD 印製